大家史说

帝王生活续编

朴 人／著

紫禁城出版社

图书在版编目（CIP）数据

帝王生活续编 / 朴人著. — 2 版. — 北京：紫禁城出版社，2010.4
ISBN 978-7-80047-954-0

Ⅰ. ①帝… Ⅱ. ①朴… Ⅲ. ①帝王-史料-中国-古代 Ⅳ. ①K220.6

中国版本图书馆 CIP 数据核字 (2010) 第 061060 号

帝王生活续编

作　　者：朴　人

责任编辑：陈晓东

特约编辑：梁炎鑫

封扉设计：赵　谦

出版发行：紫禁城出版社

地址：北京市东城区景山前街 4 号　邮编：100009

电话：010-85007816　010-85007808　传真：010-65129479

邮箱：gugongwenhua@yahoo.cn

制　　版：保定市万方数据处理有限公司

印　　刷：保定市中画美凯印刷有限公司

规　　格：1/16　787×1092mm

14 印张　170 千字

版　　次：2010 年 4 月第 2 版

2010 年 4 月第 1 次印刷

印　　数：1-3,000 册

书　　号：ISBN 978-7-80047-954-0

定　　价：28.00 元

曾　序

朴人是家楲，我看了俞大纲先生给《帝王生活》初编写的序才知道。这发现使我跟俞先生一样的惊奇。

因为我知道家楲是一位文学很有造就的朋友，却不料他竟也是一位肯下苦功夫穷搜资料钩稽考证的史学家。

家楲写的《帝王生活》是在《大华晚报》连载发表的。报纸上刊布的连载文章，我总觉得是断篇零缣，没有兴趣去读。可是，《帝王生活》这个标题却新颖动人，偶然也引起了我的注意读一读。读了就觉得朴人这位作家，笔下不同凡响，读了俞序，不料竟是朝夕相见的家楲。老朋友故弄玄虚，把我关在闷葫芦里这几年，应罚酒一大杯！

家楲跟我虽然是江苏常熟县的小同乡，我们却并不因同乡而相识，并且我们认识了将近四十年，两个人始终没有在常熟见过面。我们是文字结的缘。1927 年左右我追随先父孟朴公在上海办《真善美》文学杂志，家楲是一位经常投稿的文友。我还记得他第一篇寄来的小说稿，是把一个理发店作背景的小故事，以幽默的笔调，反映社会群像。先父跟我，读了都非常激赏，开始结了我和家楲的文字缘。因此，我始终认识家楲是一位很有造就的文学家。

他《帝王生活》的问世，竟揭露了他天才的另一面。文学家是一只行空的天马，他要驾驭他的想象在太虚幻境里自由翱翔；可是史学家却是一个拓荒者，他要脚踏实地发掘资料，如治乱丝，加以整理，鉴往知来，找出一条社会发展的轨迹。这两种人有迥乎不同的素养，也可以说是两种背道而驰的天才。

然而，历史是人在社会中活动促成社会发展的记录。

历史既是人群活动的记录，只把他们活动效果做成死板的记录是不够的，主要的还应该表现他们活动的形态，把死的记录变成活生生的投影，融化当年社会真相使成一幅一目了然的图画展开在读史者的眼前。因此，写历史，不再是记录正确详尽就算交了卷，还应该把这记录活化而呈现当时社会的全貌。于是，文学家写历史，逐渐成了时代的风尚。

这是不容易讨好的工作，可是家械写《帝王生活》显明地是在向这个方向努力。他的初编，已由俞先生在序文里作了很正确的评估，俞先生说道："家械这部写作的描写对象，无疑的合于现代史学路线的要求，虽则他不是替帝王写传记，已开辟帝王传记写作的正确观念。"

俞先生所说的"正确观念"就是以文学的笔法写史材，也就是俞先生评估本书文辞时说的："难得的是寓考据功夫于平易的文字，使读者只有兴趣的感受，而毫无考据文字的枯燥感。"

《帝王生活》初编的尝试，可以说是相当成功的。家械因此得了鼓励又有续编之作，我蒙他不弃竟在未付刊前，给我一个先睹为快的机会。

续编分十七章，其以故事性质作横断面的分章，不以时代先后定叙述的次序，正与初编相同。但，初编分章以故事为经，帝王生活之同类者为纬，续编则以一个帝王的生活为经，以环绕其生活中之后妃、宫监、大臣为纬。

因此，续编虽仍以《帝王生活》为名，实已扩大范围，变成历代“宫闱生活”，而帝王生活无法脱离政治，实际叙述帝王生活也就反映了所述朝代的政治生活了。

拜读续编，我冒昧给它“博”、“确”、“活”三个字的评介。

怎说“博”。细读十七章，没有一章在说空话，都是看了很多书，搜集了很多资料写下来的。当然，这种文章不是先有了题目再找资料，是先有了资料再定题目，跟一般写史难易不同，也是它容易讨好的地方。有了家楲卷首语中说的“遍访书店和图书馆”那样的辛劳，才能得到他博鉴群书的收获，其治学精神实堪钦佩。

怎说“确”。书中所引资料，皆详列出处。故事之引述，多有根据，不作道听途说之传播，这是家楲廿多年来受新闻熏陶的收获。写历史不能虚构，可是古今中外的史家犯这个毛病的就很多，我不敢说司马迁、班固可以例外。问题是一条大新闻发生时，必有渲染的流言，流言耸听而为大众接受，大家竟会把虚构看成事实。史家于不经意间采用而成史实，每每构成大错。因此，治史重考证，对任何事实，都要抱怀疑态度，搜求真相。家楲自称“故事的细枝末节，甚至一言一语之微，为了考实，需要翻拣许多书籍”，这种精神，在本书十七章中，字里行间都可以找到。

怎说“活”。把死板板的史料，要有凭有据不加主观渲染写成生动活泼的故事，是极不容易做的事，家楲竟能在这种尝试而得到相当可观的收获。他竟把死的写活了，这是《帝王生活》最大的成功。我们看到他每一章的故事叙述，都像写小说一样有结构，有丘壑，有高潮，鼓舞读者兴趣，而收考据文字增进实学智识的效果。

或者谨严的史学家要反对这样写历史的方法。这就牵涉到最近我们新闻学中一个争论的问题了。写新闻要客观，可是社会一天天进步，社会中发生的事件一天天复杂起来，多数人忙着自己的生活，谁也没有时间精力去研究社会上天天发生的这些复杂的事件，于是大家希望新闻记者能够担负起责任来，给大家把这些复杂的事件，解释得清清楚楚，使他们看了就一目了然，于是客观的新闻报道不能满足观听众的要求，新闻写作逐渐倾向解释性了。解释性的新闻就是把死的资料活用而发生启发的作用，不再是死板板的记录。

我经常主张，新闻是今日的历史，历史是昨日的新闻，因此，新闻记者与史学家实在是一而二、二而一的人物。写新闻的规范可以用到写历史上去，写历史的技巧也可用到写新闻上来。过去写新闻必需客观地规定，久成写历史的准则，那么现在写新闻需要解释的转变，也可引用到写历史上来。

当然解释新闻并不是撤去客观限制，记者可以在新闻报道里放言高论，它只是把复杂的事实加以整理，使观听众发生一种原来如此的领悟快感。整理死的事实而使其发生活的感应，这就是文学家的拿手本事。因此，新闻报道可以小说化，历史叙述又何尝不可以小说化呢？所不同者，纯小说可凭空虚构，而新闻历史则应句句落实，字字着根。因此，“活”之外，还需要“博”与“确”。《帝王生活》或者起了一些示范的作用。

曾虚白

1968 年 6 月 20 日

林　序

家槭先生善读史，前著《帝王生活》已脍炙人口，于历代帝王之私生活，衣食住行，多有指陈。现在续编又要出版，以简短的文字，叙述帝王个人生活的故事，容易引人入胜。其中尤注意帝王个人心理之影响政治，使读者对于许多历史事变，加倍明了。可以说是《廿二史札记》的体裁。

我想现代人一部廿四史从何读起。最近西洋历史的写法，是纪事本末体。凡所记事实，贯串本末成一篇章，历史再不是饾饤断片的事实，用工少而理解收获多。其次如赵瓯北之《廿二史札记》，博采史书同类的事实，分别札记。我们读史书的人所不注意的，得瓯北组织连比起来，然后读者也看到，易有心得。这与稗乘野史无系统之杂记脞说，迥然不同。所以《廿二史札记》在史书中能独树一帜。

家槭先生所采也是正史，而有许多确具价值的秘史（如《蒙古秘史》）及近代新发现的史料（如清宫档案的雍正批谕）也用为考证的材料，此与平常琐记轶闻不同。这书里关于满清之事，如乾隆之文字狱，雍正之阴诈寡恩，慈禧的权变多谋，都是一般读者所应知道的。

林语堂

1968 年 7 月 14 日

卷首语

笔者浅学，于职业工作之余，为此课题，冥思博采，有时静夜孤灯，尚埋首于故纸堆中。诠次史料，不敢自矜有丝毫创获，然治史向取谨严态度，有时故事的细枝末节，甚至一言一语之微，为了考实，需要翻拣许多书籍，于是遍访书店和图书馆，凡此似若辛劳，但种种温情和鼓励，使我觉得并不寂寞，此所以有续编之作也。

本书初编撰述之先，曾确定一个目标，以历代帝王的私生活为范围，然到后来，不免牵涉到帝王的政治生活，如夺位斗争、骨肉惨变等等。统治万民的一国之主，他们的生活，固无法脱离政治，而这些故事，不能说与私生活毫无关系，它们透露了那些称王称帝者的个性和心理状态。个性和心理，为行为的主宰，如果不从这些地方去推求，对历代帝王未必能有较深切的了解。续编的故事，于是也稍稍侧重了此一方面。

敬承林语堂及曾虚白两位先生为本书作序，无上荣幸。

本书撰述内容，仍请各方不吝多多赐教。

朴人

1968 年 7 月

目 录

第一章　整肃权臣

政治手腕高明

清仁宗（嘉庆帝）于太上皇（乾隆帝）死后，数日之内，立刻将他父亲的宠臣和珅整肃，为清代一大案。和珅赐死，而其被抄没的家产，折合银两，数字之大，不仅空前，而且绝后，因此这一案，为当时及后世所瞩目。嘉庆帝之应付与处理此事，其政治手腕的灵活与高明，初而忍，继而明决，把握时机与舆情，丝丝入扣，有分有寸面面俱到，做得恰及好处，众心悦服，这似乎更值得读史者注意，本章拟以此为谈说重点。

乾隆朝为清代极盛时期，满人入关之初，未遑文治，经康熙六十一年之建设，以宽大培国脉，雍正十三年之整饬，以严竣戢官邪，遂蔚成乾隆一朝太平之治。乾隆帝于政治武功，虽也有他的贡献，而夸傲成性，凡事粉饰铺张，晚年宠任和珅，掊克聚敛，搜刮民间脂膏，国家元气断丧殆尽。和珅虽经嘉庆整肃，然清代之治，乾隆已届顶峰，清祚此后虽尚有百余年的历史，然已踏上了下坡的路程。

和珅满洲正红旗人，由文生员于乾隆三十七年（1772 年）授三等侍卫，四十年（1775 年）闰十月迁乾清门侍卫，十一月擢御前侍卫，四十一年（1776 年）授总管内务府大臣，其后历官户部、刑部尚书，其子赐名丰绅殷德，尚高宗（乾隆帝）第十女和孝公主。和珅最后官至大学士，军机大臣，晋封公爵，得高宗宠信者二十余年。

高宗之初识和珅，在他任乾清门侍卫时期，本书前编，曾引昔人里巷委谈，谓两人的关系，有如汉哀帝与董贤故事，这是难以稽考证实的说法，然在一个月间由乾清门侍卫立刻擢御前侍卫，一见相得，佞幸之遭逢，实有不可思议的因缘。

高宗于乾隆六十年（1795 年）禅位于仁宗（嘉庆帝），但并没有放弃政权，其时已届八十六高龄，以和珅为出纳帝命之人，这更增加了和珅揽权用事的机会。《朝鲜正宗实录》云："二十一年（即嘉庆二年，1797 年）三月二十二日，冬至书状官洪乐游，进闻见别单，中云，太上皇容貌气力，不甚衰耄，但善忘比剧，昨日之事，今日辄忘，早间所行，晚或不省。故侍御左右眩于举行，而和珅之专权甚于前日，人皆侧目，莫敢谁何。"

朝鲜以屏藩小邦，对于中朝动定，留意及于纤毫，其来华使者，有所见闻，必向国内报告，这种报告且载入国王实录。若干史实，有时中国内记载，因避忌而讳隐不言，但见之于朝鲜实录，此所以为一种可靠的客观资料，本章言嘉庆帝与和珅故事，下文还有不少引述。

太上老聩，和珅跋扈，在后来嘉庆帝把和珅革职拿问所宣布的二十大罪中有一款说："皇考力疾披章，批谕字画，间有未真，和珅胆敢口称不如撕去，另行拟旨"（《清史稿·和珅传》）。

忍心动性韬光养晦

嘉庆帝虽居天子之名，上有太上皇“训政”，旁有和珅专权，不过是挂名虚位，形同傀儡而已。内心的恚愤，自在意想之中。

据传嘉庆帝御撰有《唐代宗论》，有云：“代宗虽为太子，亦如燕巢于幕，其不为（李）辅国所谗者几希。及即位，若明正辅国之罪，肆诸市朝，一武夫耳，乃舍此不为。以天子之尊，行盗贼之计，可愧甚矣。”

李辅国为代宗之父肃宗朝的功臣，代宗为太子时，辅国权势甚盛，及代宗即位，进位司空，尊为尚父，专权用事，势侵人主，后帝遣人刺杀之。嘉庆帝此论，讥其不能及早明决，最后用行刺方法，所谓盗贼之行，并不光明。嘉庆帝借古讽今，流露了自己胸臆，所以他之整肃和珅，心中早有决策的。

然而时机未到成熟，他动心忍性，丝毫不露圭角，《朝鲜正宗实录》云：“二十年（即嘉庆元年，1796 年），三月十二日戊午，召见回还进贺使李秉模等。上曰，太上筋力康宁乎？秉模曰，然矣。上曰，新皇帝仁孝诚勤，誉闻远播，然否？秉模曰，状貌和平洒落，终日宴戏，初不游目，侍坐太上皇，上皇喜则亦喜，笑则亦笑，于此亦有可知者矣。”

全神贯注于太上之喜怒，韬晦之程度可知。上述朝鲜进贺使向国王的报告，还有下面一段记载：“正月十九日平明，因礼部知会，诣圆明园。午后，与冬至正副使入山高水长阁。太上皇帝出御阁内后，入参内班。礼部尚书德明引臣等及冬至正副使至御榻前跪叩，太上皇帝使阁老和珅宣旨曰：朕虽然归政，大事还是我办。你们回国问国王平安。道路遥远，不和差人来谢恩。”

外国使节，尚由和珅传达帝命，一切对内政务，出于和珅独揽，由此可想。小横香室主人所辑《清宫遗闻》云："仁宗（嘉庆帝）既受禅，和珅以拥戴自居。仁宗待之甚厚。遇有奏高宗（太上皇）者，皆珅代白，左右有非之者，仁宗曰：朕方倚相公理四海，何可轻也！"

嘉庆帝的操心虑患，不预政事，《朝鲜正宗实录》，据使臣的报告，有所记载云："新皇帝自丙辰即位以来，不欲事事。和珅或以政令奏请皇旨，则辄不省，曰：惟王爷处分，朕何敢预焉。"

朝鲜正宗二十一年（1797 年），书状官洪乐游所进闻见别单云："皇帝（嘉庆帝）平居与临朝，沉默持重，喜怒不形，及开经筵，引接不倦，虚己听受。故筵臣之敷奏文义者，俱得尽意。阁老刘墉之言，最多采纳。皇上眷注，异于诸臣。盖墉夙负朝野之望，为人正直，独不阿附于和珅云。"

这说明了嘉庆帝的韬光免祸，仅止不预正事，暗中却在结纳正直的朝臣，困心衡虑，俟机而动，有所积极部署，而在和珅方面，对于附帝而不附他的人，也未尽加倾陷，故孟心史论和珅"亦非大奸慝，惟乘太上之耄昏而专擅，未尝顾及后祸"。也许和珅眩于一时的得意，忘了后患，从政治手腕言，实比嘉庆帝棋差一着。

如意转不如意

和珅之不存戒心，实由于嘉庆帝韬晦的作为，使之毫无疑虑，有人说，嘉庆帝得位，和珅有拥戴之功，这说法是没有事实根据的。

高宗（乾隆帝）遵其父世宗（雍正帝）家法，不立太子，唯密定皇储，缄名于乾清宫正大光明匾额之后。始于乾隆元年（1736 年）密定元后孝贤皇后所生皇二子永琏为太子，三年殇，追赠为皇太子。时仁宗（嘉庆帝）未生。

至三十八年（1773 年），仁宗十四岁，被密建为太子。至六十年（1795 年）九月初三，集王公百官御勤政殿启密缄，立为太子。

乾隆三十八年，和珅初被擢用，高宗尚未寄以心腹，密建仁宗为皇储，他未必有建言地位。到六十年九月初三日启密封，册立皇太子的时候，和珅已势焰熏灼，也许他从高宗处，先得消息，故初二日有向嘉庆帝先递如意之事，后来成了二十大罪的第一款，嘉庆四年（1799 年）正月十一日，宣布和珅罪状的上谕有云：

> 朕于乾隆六十年九月初三日，蒙皇考册封皇太子，尚未宣布谕旨，而和珅于初二日，即在朕前先递如意，漏泄机密，居然以拥戴为功。

这是和珅的乖巧处，意欲笼络未来新帝，冀邀倾注，而嘉庆帝在当时也默然若予承受，使其安心。和珅把嘉庆帝的深沉，看作了庸懦，故后此能相安至四年（1799 年）亲政之日，待整肃时机既到，“如意”一事，成了和珅大罪之一。

“如意”本为微物，满洲旧俗，凡值年节，王公大臣等，必进如意于朝，以取兆吉祥。入关后，仍沿其旧，未之革也。其后嘉庆帝于处理和珅一案完毕后，乃有禁止进如意之谕，曰：“诸臣以为如意，在朕观之，转不如意也。”亦可见当年痛恨和珅之深，久久不释于怀。

高宗（乾隆帝）崩于嘉庆四年（1799 年）正月初三日卯时。上年冬腊，太上已感头眩，正月初一日受朝臣贺年未能临御外殿。《朝鲜实录》据使臣报告，记载云：“本年正月初一日五更，臣等诣乾清门外等候，天明，皇帝率三品以上行贺礼于太上皇帝。殿庭狭窄，诸王、贝勒门内行礼，三品官及外国使臣门外行礼。礼毕，臣等由右上门至太和殿庭。少顷，皇帝出御太和殿受贺。三品以上官及外国使臣，行三拜九叩礼，一如太上皇帝前贺仪。盖太上自昨冬有时昏眩，不能如前临朝云。”

行动开始到赐帛自尽

太上死后，嘉庆帝整肃和珅行动开始于何日，我国记载与《朝鲜实录》所云，略有出入。《朝鲜实录》云：“正月初四日，既褫和珅军机大臣、九门提督等衔，仍命与福长安昼夜守直殡殿，不得任意出入。又召大学士刘墉，吏部尚书朱珪；珪则为珅中伤，方巡抚江南。乃于初八日下珅于刑部狱，数珅二十大罪，布示中外。”

《东华录》不书免和珅两职事，至初八日，乃书以科道列款纠劾，夺大学士和珅、户部尚书福长安职，下于狱。至于数和珅罪状，稽故宫博物院所刊《史料旬刊》所录上谕，最初则为正月十一日之事。旬刊所载正月初九日上谕云：“和珅、福长安已革职拿交刑部，在京家产，均经查抄”。则下狱在初八，当系事实。

初四日，即太上崩后第二天，先夺两职，可见行动的迅速，《朝鲜实录》可补我国记载之略。《清史稿·和珅传》，谓“四年正月三日，高宗纯皇帝升遐，仁宗睿皇帝令和珅总理丧仪”云云，事实是昼夜守值殡殿，不得任意出入，先加软禁而已，总理丧仪之说是不确的。

嘉庆帝于父皇死后，立刻对和珅作紧急处置，为协舆请，不得不有所说明，正月十一日上谕云：

> 和珅受大行太上皇考特恩，由侍卫拔擢至大学士，在军机处行走多年，叨沐殊施，在廷诸臣，无有其比，朕亲承付托之重，兹猝遭皇考大故，苫块之中，每思《论语》所云，三年无改之义。如我皇考敬天法祖，

> 勤政爱民，实心实政，薄海内外，咸所闻知，方将垂示万年，永为家法，何至三年无改！至皇考（所）简用（之）重臣，朕岂（岂字改断不）肯轻为更易，即（有）获罪（者，若）稍有可原，犹未尝不思保全，此实朕之本衷，自必仰蒙昭鉴。今和珅罪情重大，并经臣工（臣工二字改科道诸臣）列款参奏，实有难以刻贷者，是以朕于恭颁遗诏日，（即）将和珅革职拿问，胪列罪状。

上节括号中文字，皆系嘉庆帝就原稿用朱笔添改者。据故宫博物院文献馆所印《史料旬刊》。下文所引嘉庆上谕，均据此同一来源。

此一上谕接着就列举和珅罪状，最后结论谓："今和珅罪状已著，其得罪我皇考之处，擢发难数，亦百喙难辞。朕若置之不办，何以仰对皇考在天之灵，此不得已之苦衷，尔封疆大臣等，以为何如？除交在京五大臣会审定拟外，著通谕各督抚，将指出和珅各款，应如何拟罪，并此外有何款迹，各行据实迅速覆奏，钦此。"

于是内外臣工，交章弹奏，正月十六日发出另一上谕，确定二十大罪。此为一般史书所详，本书可不具录，除两款已见上文引述外，其他各款，总之为丧心昧良，目无君上，弄权舞弊，僭妄不法，贪婪无厌，蠹国肥家等罪。

据直隶总督胡季堂所奏拟的处分，为"请依大逆凌迟处死"。据说嘉庆也是意欲处以死刑的，但当时发生了一个小小曲折，后以"赐帛自尽"定谳。《朝鲜实录》记之，云：

> 书状官徐有闻进见别单云："其（指和珅）子之尚公主者，其婿之为郡王者，及婢妾奴仆，并时囚系，封门拿籍而使第八王按其事。珅之别业又在西山之海甸，亦令皇孙一人按而籍之。珅之京第，宝玩山积，过于王府，皇帝初欲剐杀之，皇妹之为珅之婿者，涕泣请全肢体，屡恳不

止。大臣董诰、刘墉亦乘间言曾任朝大臣，请从次律。正月十八日，赐帛自尽。”

正月十八日的上谕说，“今就和珅罪状而论……即不照大逆凌迟，亦应……立正典刑。此事若于一二年后办理，断难宽其一线，惟现当皇考大事之时，即将和珅处决，在伊固为情真罪当，而朕心究有所不忍。……国家本有议亲议贵之条，以和珅之丧心昧良，不齿人类，原难援引入议，量从末减，姑念其曾任首辅大臣，于万无可货之中，免其肆市，和珅著加恩赐令自尽，此朕为国体起见，非为和珅也。”

两个配角

同时革职下狱的户部尚书福长安，十八日上谕亦有定谳，云：“和珅现已从宽赐令自尽，福长安亦著从宽改为应斩监候，秋后处决。并著监提福长安前往和珅监所，跪视和珅自尽后，再押回本狱监禁。”九卿科道原奏福长安的罪名为“照朋党律拟斩，请即正法”。

到秋后，福长安并未斩决，再宽一线，同年八月十九日，上谕有云：“因念福长安蒙皇考豢养二十余年，即使伊冥顽不灵，不念恩遇，而朕方当触目成哀之时，即当年御用器物犬马，犹不忍弃置，况如福长安之稍有趋走微劳，譬诸小犬之曾蒙驯饲禁中者乎？今届奉移山陵之期，福长安稍有人心，自必以身获重罪，不能叩送梓宫，痛心涕泣，深自愧悔，纵伊无此心，而朕心究竟有所不忍。福长安著加恩释放，伊平日在皇考前常有捧茶之职事，今著前往裕陵，永远充供茶房”。

至于对和珅之子丰绅殷德的处分，尤属从宽，正月十八日的上谕云：“丰绅殷德系固伦额附，且公主平日最为皇考所钟爱，自应仰体恩慈，曲加体恤，若此时将丰绅殷德职衔斥革，齿于齐民，于体制亦觉未协，和珅公爵，系拿获王三槐所得，应照议革去，著加恩仍留伊伯爵，即令丰绅殷德承袭，在家闲住，不许出外滋事”。

事隔月余，因定亲王绵恩查抄和珅家产，查出正朝珠一挂的牵连，丰绅殷德的伯爵，还是被革的。二月二十七日上谕云：

> 据绵恩等查出正珠朝珠一挂呈览，朕视之殊为骇异，正珠朝珠为乘舆服用珍物，岂臣下所应收藏？若云贡献所需，则绦辫何以皆用香色，其非预备呈进明甚。因询绵恩称，曾讯之和珅家人，供称和珅日间不敢带用，往往于灯下无人时，私自悬挂，临镜徘徊，对影谈笑，其语言声息甚低，即家人亦不得闻悉。此种情状，竟有谋为不轨之意。若此事败露于正月十八日以前，即不照叛逆凌迟处死，亦当予以大辟，今已赐令自尽，幸逃显戮，姑免磔尸。至伊子丰绅殷德，若知有此物，不行举发，即当照大逆缘坐律办理，今经绵恩等再四询究，实不知情。著加恩免其追问，但不应仍叨世袭伯爵，丰绅殷德著革去伯爵，停其世袭，赏给散秩大臣衔，当差行走。

嘉庆帝欲去者为和珅一人，并不株连太甚，福长安和丰绅殷德的处分，均从宽厚，适可而至，不为已甚，岂亦嘉庆帝政治手腕的高明乎？

岂以朕为好货之主

查抄和珅家产，自下狱之时开始，历时数月方告结束。清查而后没收的财物，有各处房地产，包括官邸房屋、花园、别业；在金库、银库、钱库及地窖、夹墙，抄出的现金，有赤金、银元宝和制钱等。珍宝古玩，金银用具，以及洋货、绸缎、皮张、衣物，构成一张极长的单子。又有所设的银号当铺等，田地更以数千顷计。

在珍宝方面，尤其令人注目的，上文所述正珠朝珠外，“珍珠手串二百余，较大内多至数倍，并有大珠较御用冠顶尤大”。构成二十大罪之一，大映红宝石十块，计重二百八十斤，珊瑚树七支，高三尺六寸，又四支，高三尺四寸……这不过举其要者。和珅籍没清册，故宫曾据存档印专册，不具引。

白玉马一匹，长四尺三寸，高二尺八寸，洁白温润，后人笔记，谓“高宗平回部时，命将军采自和阗，藏于大内，经和珅盗出，以与爱妾，浴时坐其上以逞淫乐，至是亦抄出，置圆明园，迨文宗（咸丰帝）立，此马遂为孝钦后（慈禧）浴时跨坐之具。庚申英法军至，全园俱付一炬，此马被英人取去”。

没入的财产，究值多少，说者不一，或谓“凡一百零九号，已估值者只二十六号，值二百二十三兆余（即银二亿二千三百余万两），未估价者尚有八十三号，以三倍半为比例算之，当得八百兆（八亿余万两）有奇，可抵甲午、庚子两次赔款总额，斯亦巨矣”。

这个数字，也许有些夸张，但和珅贪渎所得，其数额之大，必然是无可否认的事实。印鸾章《清鉴》曰：“天下可骇之事，孰有过于此者耶？然亦可见当时中国物力之厚，实有足供其挥霍者。不然，虽以法王路易十四之强暴，史家言其私产，折值不过二千余万两，不及和珅四十分之一。”

当时外间有“和珅跌倒，嘉庆吃饱”之语，大约嘉庆帝亦微有所闻，必须驳斥以自明。恰好副都统萨彬图，奏称和珅家产，不止查出之数，于是给了嘉庆帝一个宣传机会，以煌煌上谕，申说自己并非好货，这篇上谕，写得情文并茂，引录其大要如次，括弧内文字，都是嘉庆帝朱笔添加的。

嘉庆四年（1799年）四月二十五日，内阁奉上谕：前据萨彬图奏，和珅财产甚多，断不止查出之数，（必有埋藏寄顿，侵蚀挪移等项情弊），刑部查审时，司员等意存含混，应请密派大臣，研讯追究等语。朕以其言不足取，当即详加开导，（不必苛求）。

昨又据萨彬图具奏，向伊亲戚问出，和珅家掌管金银内账使女四名，请交伊一人，（至慎刑司）提讯，所言更属乖谬。

萨彬图系副都统，并非原派籍没和珅之员，乃忽思越俎，欲以一人独讯数女子，且开具使女之名，形之奏牍，达于朕前，实为从来未有之事。

朕若即加驳饬，转恐不足以服其心，是以特派怡亲王永琅，尚书布彦达赉，同萨彬图提集使女，再三究讯，仍无指实，果不出朕之所料。永琅、布彦达赉，素称公正和平，萨彬图，亦会同研鞫，更有何人为之徇隐，（岂伊尚不凭信，必使朕廷讯使女乎?）是萨彬图无知妄渎之罪，百喙难辞矣。

朕所以办理和珅者，原因其蠹国殃民，专擅狂悖，和珅一日不除，则纲纪一日不肃，是以即于正月初八日将和珅革职拿问，宣示罪状，用申国宪，犹念其在皇考前扶掖奔走微劳，不忍肆诸市朝，前降谕旨甚明，天下臣民，自必咸知朕意。自办理此案后，军机王大臣及大臣中如朱珪等，从未于朕前奏及和珅家产隐寄，乃萨彬图屡以为言，竟似利其所有者，岂萨彬图以朕为好货之主，敢以此尝试乎？（或伊必欲陷朕等于唐之德宗，伊亦未必有此伎俩也!）

向来治罪之员，多有应行查抄者，况和珅获罪重大，焉有不抄籍之理？自古有籍没之例，所以惩籍贪黩，初不计多寡，而事株连。……朕方以办理此案，为日已久，（已觉过当，是以）谕令速结，不为已甚，而无识之徒，鳃鳃计较和珅财产，不惟不知政体，实太不知仰体朕之本意矣。……

萨彬图著交部严加议处，先将副都统开缺另简。……嗣后大小臣工，不得再以和珅赀产，妄行渎奏，将此通谕知之。

第二章　末路王孙

明裔的代表名称

历代新兴朝代，对亡国君王及其子孙，例有优待，所谓杞宋之礼，而不予诛戮。即以少数民族入主中原的元朝，将南宋最末一代的帝显封为瀛国公，苟全生命，为僧白塔寺。唯清室入关之后，崇祯帝遗胤，莫不翦除净尽，为振古所未有。

顺治十八年（1661 年），南明最后一代的永历帝势穷力蹙，逃亡到缅甸。清廷命平西王吴三桂以兵力威胁缅人，缅人执永历送三桂军前，康熙元年（1662 年）四月，斩帝及太子于滇城篦子坡，时太子仅为十二岁的童稚。然为统一区宇，杀之犹有话说，而其后数十年（康熙四十七年，1708 年），发现了皇四子朱慈焕，隐姓埋名，秘密匿迹民间，年已七十六岁，无一兵一卒之抵抗力，仍不为清廷所容，连子孙一一惨杀。恩礼前朝，既为中国之传统，清廷又不得不故作种种涂饰，制造理由，欺掩天下后世耳目。

此案主角当时及后世流传为“朱三太子”，然非“朱三”而是“朱四”，在叙说此凶残故事之前，先将此点辨明。

“朱三太子”为顺康间人追思明裔的一种代表名称，当时叛清者，每伪托拥戴朱三太子。朱慈焕被逮以前，叛清者以朱三太子为号召者，尚有多起。《东华录》自康熙十二年（1673 年）始，屡破获朱三太子干连犯案，叛清者用其名以眷念明裔，维系人心，未必真指朱三其人，康熙四十七年（1708 年）上谕亦云：“匪类称朱三者甚多”。

三太子究系何人，先从崇祯帝亡国时所存诸子考之，只有三人，太子为长，定王为次，永王为三。以兄弟之次第言，则崇祯帝第二子怀隐王早殇，定王为第三子，永王乃第四子。崇祯帝共有七子，其第五第六第七皆殇。

甲申之变，崇祯帝于自缢之前，使太子及定、永二王出宫，各投外家，梅村野史（即吴梅村）《鹿樵纪闻》云：“太子年十八，上命避成国公府，而定、永二王分投周、田两皇亲，及出宫，仓猝奔散。已而周奎献二王，自成许待以杞宋之礼。帝后梓宫出城，二王青衣拜送，独太子不知何在。”

这是定、永二王最早踪迹的记载。《鹿樵纪闻》又云：“崇祯帝三子，周后生太子慈烺及幼子定王慈炤，田妃生次子永王慈炤。”然按诸明史，“庄烈帝（崇祯帝）七子，周皇后生太子慈烺，怀隐王慈烜，定王慈炯，田贵妃生永王慈炤，悼灵王慈焕，悼怀王及皇七子。”

二者所举永王及定王名，显不一致。究竟哪一种记载是正确的呢？答案是：两说都有部分错误。永王非名慈炤，悼灵王非名慈焕，定王亦非名慈炯。何以言之？

明史于崇祯一朝，甚少正确史料，实录固未修，记注亦未整理，崇祯帝诸子之名，各书所记，互相牴牾者颇多。《明史》于崇祯帝诸子名，多据孙承泽所作《山书》。孙承泽于崇祯朝为兵部及刑部给事中，入清后官兵、吏等部侍郎，所著《山书》，于康熙七年（1668 年）征入史馆，补崇祯朝纪录之阙，修《明史》诸臣，自必多所取材，故《明史》所记崇祯帝皇子名最与《山书》相符。然《山书》记述未尽得实。《山书》未记永王之名，可知其阙漏，明史除永王之名误作慈炤，别有所据外，其余各皇子名，均从《山书》，而言定王名慈烱，五子悼灵王名慈焕，均误。

孟心史《明烈皇殉国后记》曰：所称“皇五子名慈焕，亦承泽所著于《山书》者，而明史从之。夫皇五子五岁而殇，以母田贵妃之宠，谥为悼灵王之后，又追赠为孺孝悼灵王、通玄显应真君，礼部争之，以为非制，乃去真君之号。礼部疏文，但称悼灵王，《烈皇小识》亦称皇五子悼灵王（而不名）。盖未必命名，与皇六子、皇七子，史所云名俱无考者等也。慈焕直是皇四子永王之名，而定王则名慈烺”。

这个论断是正确的。他据顾苓《金陵野钞》云，“弘光元年（1644 年）二月甲寅朔甲子，谥皇太子慈烺曰献愍，皇三子定王慈灿曰哀，皇四子慈焕曰悼”。顾苓于弘光时方在南京，撮朝事钞报，撰纂此书，南都赠谥，举二王之名，自属切实可靠。事实上，当时三人均尚在世。

本文主角皇四子永王慈焕于康熙四十七年（1708 年）被捕后，在济南初审，济南府同知高铁录有供单，由巡抚赵弘燮上奏朝廷，此一奏章，故宫《史料旬刊》刊之，供单云：“我原姓朱，是明朝后裔，排行第四，名叫慈焕。我三哥哥早死了。我与三哥哥同岁，自十岁上就离开了。我三哥是甲戌年死的。他有儿无儿，我不知道”。

更足以证明捕获者为皇四子慈焕，而非皇三子慈灿。甲戌为康熙三十三年（1694 年），据此且知当时流闻人间，为叛清者利用名义的朱三太子，早已死了。

化名教书度日

朱慈焕一案，除上述故宫所遗《赵弘燮奏折》（以下简称《赵折》）外，于民国初年，更出现了一篇当时案中重要人物李方远所撰《张先生传》。（以下简称《李传》）。张先生为朱慈焕的化名。于是此案的曲折真相大白。兹钩稽这两种资料，撮要述之如次。

《李传》见于魏声和所著《鸡林旧闻录》。魏序此文云："辛亥冬，友人传君，在新城（吉林境）得一手钞本，纸色黯晦，题曰《张先生传》，为清初李方远（字朋来）所著，李与崇祯三子定王为友（三子定王为四子永王之误，当时朱三太子之名流闻甚广，即官文书亦多误为朱三者）。王变姓名，自称张姓。案发，李以株连谪戍新城，乃有此著。"魏氏于传尾加按语有云，"此本纸色灰旧，边塞追录，言之独详，弥可宝贵"。

民初于清代掌故，禁纲初解，人间嗜奇访异，每不乏伪托珍闻之写述，然此传与故宫所遗之《赵折》，所涉之人与事，大体一一不谬，时《赵折》尚未公开于世，故知此传非假，正如魏氏所言，弥可宝贵也。

《赵折》录李朋来供，云："犯人名方远，号朋来，原做过饶阳县知县，因住居北周村，与东平州张坦洲相隔只五六里路，所以二十一年（1682 年）同席就会了这张老先生，并不知道他姓王。因他学问好，会写字下棋，就与他相与。给过铜钱一千文，一千文给过他有一二十次。这小先生（慈焕之子）是去年到我家，就留他父子在我家教书。我实在不知他的底里，只求问他父子就明白了。若早知他姓王、姓朱，我家里有五个儿子，九个孙子，早已分居，不是没身家的人，焉敢留他住呢？"

《李传》述二人认识和延其在家教读的经过云，“张先生者，初不知其何如人也。癸亥春（癸亥为康熙二十二年，1683 年，与《赵折》供词，有一年之差，极可能为李作传时所误记），得晤于路氏筵上。见其丰标秀整，议论风生。因私询其从来，主人曰：姓张，浙中名士也。学问渊博，写作兼优，且工手谈，精音律。今为张氏西席，敬邀相会，共春酒欢。”

“是日也，宾朋杂集，觥筹交错，先生独向余言款，情意殷殷，若素相识者。越二日，即投刺赐顾，惠绫子诗扇，彼此往来，为笔墨文字之交者约半载余。先生忽一日过余云：欲附舟南行，两月即归，兹来告别。家有数口，米薪系出自东家，但每月须钱千文，为果菜资，不得不向知己告也。余曰唯唯，遂按月遣送。”

“如是者又半载余，适余有山右之行，拟赴长安，入乙丑（1685 年）春闱。后抵家，知先生已携眷南行矣。自此不相问者十余年。及余授饶阳县，兼署平山，时值韃尔靼作反两县军需，朝夕措筹，日无宁晷。先生曾到饶邑，匆匆赠贶而别，从此又杳然无音矣”。

“不意于丙戌（四十五年，1706 年）季冬时，余已解任家居，且遭鼓盆之戚，而先生偕二子至，曰：江左连岁水荒，粟贵如金，不得已就食山左敝门人张岱霖之家，敬投尊府，求荐一馆以糊口。予曰：岁云暮矣，来年之馆，久已聘定。余有孙数人，皆童蒙，幸为不屑之教，可乎？先生曰善，因留居焉。”

隔了两年，四十七年（1708 年）捕获大岚山贼张念一。二月，察审此案的侍郎穆丹接上谕：“即将贼首所供朱三太子及其子等，作速追拿。”朱三为当时拥戴之明裔代表名称，前已言之。时崇祯帝诸子，在世者仅朱四慈焕一人，访得慈焕，即不分青红皂白，把他当作朱三捕之，而上谕及官文书都称之为朱三，李方远不明慈焕底细，故《张先生传》中述慈焕供词，也把他误作皇三子定王，传云："吾乃先朝皇子朱慈焕，原封定王，事到今日，不得不说实情。"然参稽赵奏，虽也把此案主角称之为朱三太子，但供词仅说："我原姓朱，是明朝后裔，排行第四，名叫慈焕。"没有原封定王之说。

将他父子锁拿

《李传》所记四十七年（1708年）被捕一幕，对于李朋来是突如其来的，但按赵奏所记供词，可知在四十五年（1706年）慈焕投李家教读，官方追捕"朱三"已急，并不待张念一之牵供，所以他第二度携二子投奔山东，是脱逃出来的。赵奏录慈焕供云："四十五年七月里，我把家眷搬至湖州府长兴县，因宁波府及镇海县两处俱查拿，一步一步挨查，于十一月间查拿紧了，我妻女六人所以都吊死了。把我三个儿子，一个孙子，俱拿去收监，也不知道他们的死活。"

慈焕家属多少人，亦可于赵奏所录供词知之，云："有六个儿子，大儿子和㙞，现在这里。第二个儿子叫和宲，现被浙江拿了。第三个儿子死了。第四个儿子叫和壬，现在这里。第五个儿子叫和在，第六个儿子叫和堃，一个孙子叫曾裔，都也被浙江拿了。还有三个女儿，一妻，一妾，一个大儿媳，都吊死了。"

明朝帝系字辈排行，曰："高瞻祁见祐，厚载翊常由，慈和怡伯仲，简靖迪先猷。"慈字下为和字，所以慈焕的儿子，以和字排行。唯孙名曾裕，非怡字排行，论者以为或系乳名，年幼尚未正式定名尔。

《李传》言被逮经过云：孰知前年初夏，盖戊子（四十七年，1708年）四月初三日也。予方与先生在书房，陈黑白子以相娱，忽有军厅高公、邑令张公，率营兵官役，将先生父子同余锁拿，予茫然不知其何故也。星发电驰，解赴省城。抚军坐后堂，左右列藩臬两司，旁无一役。

先问余曰：你是李某，曾做过饶阳县官么？

予曰：是。

（问：）你既读书为官，当知理法，为何窝藏朱某，为不轨事？

予曰：予家只知读书，门外之事亦不与闻，不知谁为朱某，从不敢做犯法事。

抚君曰：你家教书先生是何人？

予曰：先生姓张，名用观，系南方人。于二十年前，在东平州张家设教，曾认识。后于前年十二月，伊父子来至吾家，谆言寻馆度日。予有孙数人，从他读书。至于朱某不法事，并不晓的。

抚君曰：他在南方姓王，山东姓张，你不知么？

余曰：一毫不知。

在审问的供词中，慈焕招供了他当初出宫和数十年流亡民间的经历，据《李传》，其言略云：

崇祯十七年（1644年）流贼围困京城，先皇帝交于王内官，往民间藏匿。及城破，王内官献之闯贼，闯贼又交于杜将军。未几，吴三桂同清兵杀败流贼，各自奔逃。贼中有一毛将军，带吾至河南地方，弃马买牛，种地年余。清朝查捕流贼紧急，伊遂抛吾而逃，时吾年甫十三，自往南行。至凤阳，遇一老乡绅王姓者，曾为先朝谏垣，细询根由，执手悲泣，留在伊家，余遂改姓王，偕伊子同学读书。

又数年而王官病故，吾年十八九，乃从江而南，举目无亲，茕茕莫告。到一禅林，大士前削发为僧，苟延岁月，偷生度日。后游于浙，止一古刹中。有胡姓者，余姚人也，亦明时宦裔，俱来寺中，与我谈经论文，愕然大诧曰：子有如此才学，何为流于空门？乃延至其家，改换衣帽，劝吾蓄发。伊居室之旁，有小园半亩，茅屋数间，俾吾住其中，后又以女妻焉。此吾所以为浙人而王某也。

著凌迟处死

山东审讯毕，巡抚谓“江南有两处叛案，皆声称扶你为君，恢复明室”，故须解到浙江审问。到了杭州，有六位官宪坐堂严鞫。六官者：钦差侍郎穆旦，杭州将军，两江总督，浙闽总督，江苏巡抚及浙江巡抚。鞫询问答，据《李传》如次：

问：你是王士元么？

朱答：吾本姓朱，名慈焕，改名王士元是实。

问：你既姓朱，朝廷待汝不薄，何为谋反呢？

答：吾数十年改姓易名，冀以避祸耳。今上有三大恩于前朝，吾感戴不忘，何尝谋反。

问：什么三大恩？

答：流贼乱我国家，今上诛灭流贼，与我家报仇，一也。凡我先朝子孙，从不杀害，二也。吾家祖宗坟墓，今上躬行祭奠，令人洒扫，三也。况吾今七十五岁（官文书皆作七十六岁，《李传》或有误记），血气已衰，鬓发皆白，乃不作反于三藩叛乱之时，而反于清宁无事之日乎？

且所谓谋反者，必占据城池，积草屯粮，招兵买马，打造盔甲，吾曾有一于此乎？吾因年荒米贵，在山东教书度日，居近通衢，密迩京师，尚敢有谋反之事乎？

官曰：现在大岚山叛贼张某，口称保你，何得强辩？

把张某带至堂上，问曰：你认谁是朱某？

张熟视曰：都不认的。

又问曰：你前供扶助朱某，如何今日又称不认得呢？

张曰：原是假他名色，以鼓动人，委实不认识他。

慈焕无造反的供词和证据，仅系明裔皇子，处以死刑，似乎理由并不充分，于是另加以假冒王子的罪名。

《东华录》是年十月丁未载云：先是奉差审察大岚山贼，吏部侍郎穆丹，押解贼犯朱三即王士元等父子六人至京，下九卿科道会审。至是，九卿等覆奏："朱三供伊系崇祯四子，查崇祯第四子已于崇祯十四年（1641 年）身故。又遵旨传唤明代年老太监，俱不认识，朱三系假冒，朱三父子应凌迟处死。"得旨："朱三即王士元，著凌迟处死，伊子朱铣、朱坣、朱壬、朱在、朱坤、伊孙朱钰宝俱著立斩。"

明清两朝官私记载，均无言四皇子死于崇祯十四年者。至以年老太监俱不认识，尤为欺人牵强之谈。盖崇祯帝殉国，至康熙四十七年（1708 年）已越六十四年，慈焕遭国变时，年十二岁，今已七十六，须发皓然，即有当时旧太监，尚何能辨其面目？清廷欲置此明裔于死地，何患无词。

所谓"窝藏"慈焕的李方远，则以远戍伯都讷（伯都讷即后之新城）结案。他之未处死刑，缘于清圣祖事前一谕。是年四月戊午，上谕大学士等："山东巡抚赵世显（弘燮），拿获朱三父子，解往浙江，交穆丹处。朱三者，乃明代宗室，今已七十六岁。伊父子游行教书，寄食人家。若尽拿容留伊等之人，恐株连太多，可传谕穆丹知之。”

斩绝明裔是目的，此外不妨网开一面也。

第三章　真假太子

崇祯帝其他两皇子

上章“末路王孙”言明崇祯帝第四子永王慈焕，康熙四十七年（1708 年）以七十六高龄，得旨凌迟处死，至此崇祯帝嫡裔，已为清廷所斩除净尽。崇祯帝七子，四人幼殇，甲申之变，存世者三人，为皇太子慈烺，皇三子定王慈灿，皇四子永王慈焕。除已将慈焕之死，有所述说外，皇太子和皇三子的下落，似亦有交代的必要。

请先谈皇三子慈灿，此即江湖拥戴其名的朱三太子。

《东华录》云：“康熙十八年（1679 年）十二月甲戌，定远平寇大将军安亲王岳乐，奏擒获伪太子朱慈灿，或在军前正法，或解送京师。上谕：朕以此事问之在内旧太监，彼时朱慈灿年甚小，必不能逸出，大约是假。朕思历年已久，至今始出，自然近伪，但事迹未明，不便即在军前完结。今王不日还京，可将朱慈灿带来，俟到日请旨定夺。”

安亲王岳乐于康熙十三年（1674 年）十月，为定远大将军，剿吴三桂及耿精忠之乱。十九年（1680 年）三月凯旋，俘朱慈灿到京。《清史稿·宗室王公传》云："十八年（1679 年）秋，王驻营枫木岭，土人首擒伪军师戴必显，无为教姚文明，因获朱慈灿于新化县僧寺。"又云："慈灿诉己系崇祯帝长子，十二岁遭闯难，出奔南京，并未再至北京，福王由崧会置诸狱，释为民，即往河南，随朽木和尚为僧，流落江西、湖广二十余年。因病还俗，往来永州、宝庆。欲声讨吴三桂悖逆反覆，不忠不孝不义诸罪，商之戴必显、姚文明，招兵散劄一年，因三桂死，中止。

"王疏陈献词，因言前此屡有冒明太子事，朱慈灿虽云欲讨吴逆，招兵散劄，但当大军复宝庆时，不即自首，应与戴必显、姚文明并论斩。其曾受伪劄人，已示许自首，续缴伪劄，销毁免罪。慈灿既自称真系明裔，当械至京辨识。得旨：朱慈灿等著王带来，俟到日再议。"

到京后，移送法司审询，以其造印散劄，与戴必显、妙文明谋乱属实，皆拟凌迟如律，诏并改为处斩。

此为康熙十九年（1680 年）之事，与朱慈焕在济南府的供词所云："传闻说，我三哥哥是甲戌年（1694 年）死的"（详上章）显不符合。

慈焕谓据传闻，传闻可能有误，然观岳乐所奏谳词，谓"慈灿诉己系崇祯长子"，事实非长子，又谓"福王由崧置诸狱，释为民"之说，亦未见其他记载，难以采信。当时冒名明裔为号召的江湖志士，不在少数，故岳乐所擒的朱慈灿，也可能假冒。

慈灿下落，既其他文献可征，究竟如何，只能付之阙疑，然在其弟慈焕被逮正法的一年，已不在人世，当可断言的。

至于太子慈烺，《明史》云："京师陷，贼获太子，伪封宋王，及贼败西走，太子不知所终"。甲申崇祯帝自杀后，明立福王由崧于南京，清则继明正位于北都。唯顺治元、二年间，即南明弘光间，南北各见太子踪迹，或言其真，或言其假。孟心史曰：“两太子南北均见，时虽稍有先后，而审问系狱，相同之时日甚多。且北太子较先见，被杀于北，决不能复南来。两者文中，若有一真，必有一伪，今为较其踪迹，则北太子不能不信为真，即南太子自显其为伪。”这论断是正确的。

几个卖主求荣的小人

两太子案，清初明遗民所撰野史，大都均有记述，兹据吴伟业《鹿樵纪闻》先就北太子事，言其大要如次：

是岁（顺治元年，1644 年）之冬，北都先有一男子投周奎家，自称太子。言“出宫时不及至公府，匿东厂门，暮出投一豆腐店，店主人为易敝衣，送崇文门外尼庵，又转匿一内侍常进节家。今闻公主在，故来相看”。

奎首于官，执送刑部会勘。时进节及故阉王化澄，皆言非伪。

又研审周奎家奴，供称：男子初至，奎侄绎即引见公主，兄妹相向大哭。奎饭之，居家行君臣礼，至晚别去。公主赠以锦袍，戒勿再至。不数日又来，绎便留宿，谓云：“若毋言太子，第自称姓刘，说书生理，可以免祸”。男子坚执不从，乃逐之门外，随为逻卒执去。

于是刑部主事钱凤览责绎负主背恩，曾下阶挥绎一拳。满尚书不能决，命且收监。

诘朝，周奎具疏闻之朝，即日廷勘，且召晋王及旧锦衣曾侍太子者十人质之。十人一见，齐跪曰：“此真太子”。而晋王不谓然，王化澄亦改词。

男子曰：“我来看公主，非有他图。今为周奎叔侄所卖，真与伪等死耳，何必更辩？”于是收常进节于狱。

凤览上疏言："昨周奎言，即以真为伪，亦为国家除患。此语真情已露，请覆讯。"

乃再召晋王及旧侍讲谢陛廷质。晋王终不言是，陛亦力证其非。男子乃呼陛曰："谢先生，前时某日，先生在某殿讲某书言某事，犹忆之乎？"陛不得已，始一揖而退，默不复语。

唯一内官诘其额上有瘢，男子云："出宫时有白须老人以手抹余额，遂失此瘢。"谳者以语荒唐，乃送之狱。

时京城士庶纷纷上书，为太子辩，抑且痛骂谢陛。疏上，辄收系狱，而言者不已。

摄政王乃坐便殿，亲询群臣。凤览与赵开心独争之烈，且言人各为其主。王怒曰："真假且不必争，朝廷自有处分。但晋王胜国王子，谢陛亦前朝大臣，而凤览不逊晋王，百姓毁骂大臣，皆为无上。除伪太子外，凤览、开心及先后系狱者悉斩之。"廷臣为开心乞生，乃特赦之，而凤览改绞。

太子之非假，灼然可见。周奎明封嘉定伯，为崇祯帝周后之父，太子外祖，如太子非真，相见岂有贸然献食，行君臣礼之理？且公主与太子，非幼少无知，而相见哭泣，认识必确。周奎首于官，视其"即以真为伪，亦为国家除患"之语，非仅惧祸，实有忍心负明，求媚清朝之意。

周奎虽为皇亲，实一自私无耻小人，王汝南《续补明纪编年》有一段记载，可以证之。崇祯十七年（1644 年）二月，李自成长驱东来，京师危急。"上（崇祯帝）按籍令勋戚、大珰助饷。遣太监徐高谕嘉定伯周奎为倡，奎谢无有。高泣谕再三，奎漫词以对。高悱然起曰：外戚如此，国事去矣，多金何益！奎不得已，奏捐万金。上少之，勒其二万。奎密告皇后求助，后勉应以五千金，奎匿二千金，仅输三千金。"周奎并非无钱，同一记载云，闯贼进京后，拷勒明官，“周奎抄现银五十二万”。

在国家危难之时，这种人是常有的。无耻至此，卖主求媚，自然是必有之事。

鹿樵所记，指太子为伪者，还有晋王及谢陞二人。晋王为李自成自晋携京，本非生长宫中，虽属宗藩，未必能辨太子面貌。此人闯至则降闯。随攻帝都，闯去又降清，证太子为伪，以媚新朝，自属此辈一贯伎俩。谢陞，崇祯时官至大学士，戴名世《南山集》云，“陞，崇祯中位至宰相，予告家居。弘光时加升上柱国少师兼太子太师礼部尚书，而陞已北行矣”。

南明欲予之官以匆匆北行，其决心投靠可知，力证太子为非，亦为卖主求荣而已。

至于一内官询其额上有瘢，答以白须老人抹额失瘢云云，确是荒诞不足凭信的。然此点未见别家笔记及官文书的记载，鹿樵可能摭拾传闻，未能核实。也可能太子额上原无瘢痕，朝廷必欲以之为伪，买通宦竖小人，提出此一莫须有的问题，而太子内心忿恨，乃以幽默语答荒唐之问。

却有一个假贵妃

摄政王云：“真假不必争，朝廷自有处分”，其意朝廷已有决策，不论真伪，都将处以死刑。然为遮掩天下后世耳目，虽真亦必涂饰其伪。上述数人阿意承旨力指太子为伪外，另有一个伪证人：袁贵妃，亦指以为假。

北太子案，《明史》只字不提，唯《清世祖实录》及《东华录》记之。袁贵妃的作证，《东华录》云：

顺治元年（1644年）十二月辛巳（十五日），有刘姓者，自称明崇祯

> 太子。内监杨玉为易服，送至故明周后父周奎家。时崇祯公主亦在奎所，相见掩面泣，奎跪献酒食，既而疑其伪，具奏以闻。随令内院传故明贵妃袁氏及东宫官属、内监等辨识，皆不识。问以宫中旧事，亦不能对。袁氏等皆以为伪。惟花园内监常进节、指挥李时荫等执以为真。吏部侍郎沈惟炳、御史赵开心、给事中朱徽等多言事关重大，宜加详审。因下法司复勘，得假冒状。杨玉、李时荫等十五人皆弃市。以开心奏中有"太子若存，明朝之幸"一语，亦论死，因系言官，免罪，罚俸三个月。仍令内院传谕内外，有以真太子来告者，太子必加恩养，其来告之人亦给优赏。

《东华录》系据实录所撰，为官方记载，其中特别指明袁贵妃指太子为伪。袁贵妃亲侍崇祯帝，自应得识太子，所言似属可信。然而此一袁贵妃是冒充的，真的袁贵妃已死于甲申国变之时，孟心史曾举实证之。

《东华录》："顺治元年（1644 年）五月己酉，以礼葬明崇祯帝后及妃袁氏，两公主，并天启后张氏，万历妃刘氏，仍造陵墓如制。"

《清史稿·世祖本纪》云："顺治元年五月己酉，葬故明庄烈帝（崇祯帝），后周氏，妃袁氏，熹宗后张氏，神宗妃刘氏，并如制。"

袁氏早已不在人间，证太子为假冒的袁妃，本人乃假冒也。然而《明史》则别设政治性的曲证，《庄烈帝愍皇后传》云："后遂先帝崩。帝又命袁贵妃自缢。系绝，久之苏，帝拔剑砍其肩，又砍所御妃嫔数人，袁妃卒不殊。"如无《东华录》留袁妃死于国变之真相，几令人信袁妃于国变后尚存。而与《东华录》顺治元年（1644 年）五月与十二月之记载，实相矛盾。史官修史，歪曲事实，往往顾此而失彼，留下漏洞，未必能处处弥缝补苴，此读史者所不能不察者也。

然冒充袁氏者何人？孟心史以为熹宗（天启）妃任氏可能性最大。任氏为魏忠贤所进之养女，《菊隐纪闻》云："当魏忠贤秉国时，有养女任氏，美而姣，进之熹宗，立为贵妃，及贼入宫，任讹曰：我天启皇后也"。当时有一内监王永寿从旁窃窥之，曰："此任贵妃也。贵妃睨永寿，面发赧，旋闭目如不闻见者。"此可见任氏之来历龌龊，而且是假冒专家。

更有一事，证明任氏之媚清丑态。《东华录》："顺治元年九月初七日壬辰，明贵妃嫔任氏等差内员张朝弼等启：恭闻圣驾将至，（时摄政王将迎顺治入京）氏等叨豢养深恩，理合差官张朝弼等祗迎圣驾。奉令旨：览奏，具见恪恭。差官迎驾不必行。"

孟心史曰："是年十二月故太子之狱，所证太子非真者，必即任氏等为之。"清廷以任妃等为崇祯以前历朝故妃，分疏地隔，不足预于辨识太子之真伪，一时假袁妃之名以欺国人。"又云："任妃本为忠贤养女，入清后求媚新朝，何所不至。决不足以证太子之假冒，而其假冒袁妃，则无疑也。"

清廷处死太子，据南朝史可法奏弘光云："三月中自北来者云，摄政将认太子诸人皆杀死，百姓不平，集内院之前而噪。"又云："其在刑部之假太子，已勒死矣。都人言及，无不哀恸。"

做了三天真皇帝

南太子事，黄宗羲《弘光实录钞》记之，摘其大要：

> （弘光）二年（即清顺治二年，1645 年）三月丙申，会审太子真伪，先是正月内，鸿胪寺少卿一奴穆虎自北至，同一少年，密谓梦箕曰："此先帝太子也。"梦箕留之，不肯。即令虎伴之至浙。

顷之，梦箕以闻于帝（弘光），帝使阉人追之得于汤溪，召国公朱国弼，阁臣马士英、王铎，翰林刘正宗、李景濂等至武英殿，谓曰："有稚子自称皇太子，内臣李承芳、卢九德，审视回奏，皆云面貌不对，语言闪烁。卿等会同府部大小九卿科道讲读官，前去辨认其真伪。"

据《鹿樵纪闻》，会审共三次，纪曰：

三月六日，会审于大明门。弘光召刘正宗、李景濂至内殿，谕之曰："太子若真，将何以处朕。卿等皆旧日讲官，宜细认的确"。两人解意。至谳所，少年东向踞坐，随问置对。刘正宗更多设端以诘之。少年怒曰："汝以为王昺侄耳。且若辈不尝立皇考朝乎，何一旦蒙面至此！"诸臣有赧者，有怒者。以穆虎亡命未获，仍送之狱。

士英复请召旧讲官方拱乾辨之。初八日再讯，既集午门，少年仍前倨坐。众簇拱乾至，少年一见即曰："方先生尚无恙。"拱乾不敢应，退入众后，亦不言真伪。

十五日三讯，高梦箕、高成、穆虎皆提到。审官首呼王之明，少年曰："何不呼明之王？"

会鞫结果，刑部侍郎奏，《弘光实录》钞载其文，曰：

审得王之明供称：年十八岁，三月十六日生，保定高阳县人。伯祖王昺，尚延庆公主，祖王晟，父王元纯，嫡母刘氏，生母徐氏，父母皆故。止有一妹，嫁与举人张廷录子问成。

齐驸马之叔行四者，同陈洪范自南而北，故住之明之屋。语以南方乐土，之明买驴一头，随一仆王元出走。行至山东，王元逃失。邂逅穆虎及长班张应达，遂结伴同行。

穆虎、张应达胁之明冒充皇太子。至南京，留梦箕家四日，随送汤溪潜住。

又供：武公名下一小内竖，教之明，皇后是周，东宫是田，西宫是袁，又与一单，细注历代祖宗、各省藩府，令之明牢记。

又讯：方讲官汝何故识之？之明供：有人语我，多髯而方冠者，方拱乾也。

臣等会看得王之明，即汉史所云：夏阳男子假冒卫太子之故智也。

审讯王之明假冒太子得实，而朝廷有所顾忌，不敢加害，仍置之于狱。盖当时湖广总督何腾蛟，江楚总督袁继咸，宁南侯左良玉，各镇拥兵大员皆上疏与廷议相抗，杀之恐激变也。而靖南侯黄得功一奏，大约也颇使朝廷动心的。奏云："是非真假，日久自明，此时唯以多方保护，庶几天下共见无他。万一稍有瞻顾之心，卒逢雾露病死，即真奸伪，天下亦疑为真东宫矣。"

然而这个系在狱中的假太子，后来却做过三天真皇帝。

弘光二年（1645年）五月十一日，清兵南下，自京口渡江将入南京，弘光及马士英等百官先已纷纷逃窜。

据邹漪《明季遗闻》及王汝南《续补明纪编年》，云：

是日午刻，有监生赵某率市人百众，出王之明于狱，拥入宫中，登殿鸣钟。仓卒无备，冠服俱取诸戏厢中。遂于武英殿登座，群呼万岁，各部署寺官，俱行四拜礼。

王之明居然也发表了古色古香的登基诏书："先皇帝丕承大鼎，惟兹臣庶，同其甘苦；胡天不祐，惨罹奇祸。凡有血气，裂眦痛心。泣予小子，分宜殉国，思以君父大仇，不共戴天，皇祖基业，汗血匪易，忍垢匿避，图雪国耻。幸文武先臣，迎立福藩。予惟先帝之哀，奔投南都，实欲哭陈大义。

不意巨奸障蔽，至攖桎梏，予虽幽狱，无日不痛绝也。福王闻兵远遁，先失民望，其如高皇帝之陵寝何！泣予小子，父老人民围抱出狱，拥入皇宫。予身负重冤，岂称尊南面之日乎？谨以布告，在京勋旧文武先臣，士庶人等，念此痛怀，勿惜会议，予当恭听。勿以前日有不识予之嫌，惜尔经纶之教也。”

十四日，清帅豫王已薄都城，王之明出降，豫王加之龙兴国公，赐金镫鞍马，貂裘宝帽，设牛酒军中宴之。

据《鹿樵纪闻》云：后来“豫王挟之至（北）京，不知所终”。

第四章　英雄美人

金屋藏娇

假冒太子，在纪元前一世纪的西汉时代也曾发生过，南明会鞫王之明后，刑部因奏云，此汉史夏阳男子冒卫太子故智也。卫太子即汉武帝与卫后所生之太子，名据，死后谥为戾太子。武帝晚年，宫中起了巫蛊之祸，太子被江充所诬，迫得先杀江充，继即造反，失败后出亡，东至湖。《汉书·颜师古注》：湖，县名。后来被发觉行踪，“吏围捕太子，太子自度不得脱，入室距户自经”。

可是数年后到了昭帝始元五年（公元前82年），突有一男子，黄衣黄帽，乘黄犊车，自称卫太子，至京城未央宫北门下，举朝疑骇。后来审问明白，这男子姓张名延年，湖县人，以卜筮为业，貌似太子，穷极无赖，想入非非，冒充太子企图诈骗。结果以诬罔之罪，腰斩于市。

汉武帝是一代英主，《汉书》赞之为雄才大略，不仅卫、霍立功，扬威匈奴，武事称盛，而罢黜百家，表章六经，在文化上亦给后世甚大影响，可是他在位五十四年，宫闱之中，却发生了不少喜剧和悲剧，上面所说卫后和卫太子，不过其中的一部分。谈汉武一生英雄美人的故事，可先自他最初的配偶陈后说起。

本章故事叙述，十之八九据自《汉书》，余或采《西京杂记》及《汉武外传》，皆不另注明出处。

武帝幼时，甚得其父景帝钟爱，四岁立为胶东王。景帝之姊刘嫖，嫁陈婴之孙堂邑侯陈午。刘嫖称馆陶长公主，在亲戚关系上，武帝之姑也，生女名阿娇。

一日，长公主抱幼年的武帝，置于膝上，戏问曰："儿欲得妇否?"并指阿娇："好否?"帝笑对曰："若得阿娇，当以金屋贮之。"公主大笑。后世"金屋藏娇"之典，即起源于此。

长公主即向景帝进言，定下婚事，以阿娇许配为胶东王之妃。景帝有妃曰栗姬，生子荣，原已立为太子，长公主联络武帝的生母王夫人，排挤栗姬与太子荣，先后并废，于是立王夫人为后，武帝为皇太子，时武帝年七岁。为太子十年而景帝崩，即位为汉武帝。

武帝母王皇后，景帝为太子时，入宫以前，曾嫁金王孙，生有一女，留在民间，盖讳之也。武帝即立，王皇后尊为太后。幸臣韩嫣以太后与前夫所生女白之。帝曰，"何为不早言?"乃车驾自往迎之。其家在长陵小市，直至其门，使左右入求之。家人惊恐，女逃匿，扶之出拜，帝下车立曰："大姊何藏之深也?"载至长乐宫，与俱谒太后，太后垂涕，女亦悲泣。武帝奉酒上寿，献钱千万，又赐汤沐邑，封修成君。

女子改嫁，为我国古代礼法所许可。从一而终之说，始于宋儒的提倡，宋而后，把女子改嫁，视为不道。汉代宫嫔，公然纳已婚女子，但前夫生子而讳，大约也认为不太体面吧。

武帝与陈阿娇，婚后初虽恩爱，但擅宠娇纵，十余年而无子。武帝另有一姊平阳公主，与帝情感甚笃，于是把握陈阿娇不生儿子的机会，阴有布置，盖帝王而没有儿子，是宫廷一件了不起的大事。平阳公主说不定还有一些邀宠的政治目的。

平阳公主求良家女十余人饰置家，建元二年（公元前 139 年）三月上巳，武帝祓霸上，还过平阳公主府第，尽出所储美女，既饮，帝独悦讴者卫子夫(讴者是唱曲的歌女)。

席间帝起欲更衣，公主使子夫侍之，轩中得幸，还坐欢甚，赐平阳公主金千斤，因奏送子夫入宫。子夫上车，主拊其背曰："行矣，即贵，愿无相忘。"

不料子夫入宫岁余不复幸。时武帝择宫人之不中用者，放出宫外。子夫不耐一年多的冷漠生活，得见帝，涕泣请出。帝见子夫楚楚可怜之状，似曾相识，也许想起了从前更衣得幸的旧情。

于是把子夫留下，从此恩爱异常，后子夫生三女，元朔元年（公元前 128 年）生子据，立为皇后。以子夫之弟卫青为将军，击凶奴有功，封长平侯。子夫姊子霍去病，亦以军功为冠军侯。皇后立七年，而男据立为太子。母子二人，即前所说的卫后和卫太子。

爱情难于专一

上面所说，是以后的发展。先是，武帝那一位幼年订婚，名阿娇的陈皇后，擅宠亦达十余年，当初武帝之立，陈后母馆陶长公主为了说动景帝，曾经出过力。武帝登位后，母女二人居功要索，阿娇更恃宠娇纵，渐渐引起武帝不悦，且武帝年事渐长，宠遇日多，加以阿娇并无生育，种种原因，与武帝情感日疏。及卫子夫承宠，嫉妒怨怒，更难忍受，《汉书》曰，“几死者数矣”，大约在忧愤中不免寻死觅活，上愈怒后。

阿娇想尽种种方法，争取武帝的重拾坠欢，找到女巫楚服，她自称挟有媚术，可使男子回心转意。方法神秘，每到深夜，服药祭神。楚服又作男子装，与皇后同寝处，行为诡秘。

元光五年（公元前130年）武帝闻而穷治之。楚服坐为皇后巫蛊、祠祭、咒诅，大逆无道，株连诛及三百余人，楚服枭首于市。使有司赐皇后策曰：“皇后失序，惑于巫祝，不可以承天命，其上玺绶，罢退居长门宫。”

陈阿娇幽居长门之后，凄怨不难想见。旋闻武帝爱好司马相如的文章，因以重金托相如为文，以感悟武帝。

相如作《长门赋》，序曰：“孝武皇帝陈皇后，时得幸，颇妒，别在长门宫，愁闷悲思。闻蜀郡成都司马相如，天下工为文，奉黄金百斤，为相如文君取酒，因于解悲愁之辞，而相如为文以悟主上，皇后复得亲幸。”

《长门赋》传诵到今，写陈皇后的幽怨，哀婉可怜，长夜无眠，徬徨悒郁，一字一泪，确是一篇殚思竭虑的名作，如云：“日黄昏而望绝兮，怅独托于空堂。悬明月以自照兮，徂清夜于洞房。”又云：“左右悲而垂泪兮，涕流离而纵横。舒息悒而增欷兮，蹝履起而彷徨，长袂以自翳兮，数昔日之諐殃。无面目之可顾兮，遂颓思而就床。抟芬若以为枕兮，席荃兰而茝香。忽寝寐而梦想兮，魂若君之在旁。惕寤觉而无见兮，魂廷廷若有亡。众鸡鸣而愁予兮，起视月之精光。观众星之行列兮，毕昴出于东方。望中庭之蔼蔼兮，若季秋之降霜。夜曼曼其若岁兮，怀郁郁其不可再更。泊偃蹇而待曙兮，荒亭亭而复明。妾人窃自悲兮，究年岁而不敢忘。”

然而这篇好文章，没有得到感悟武帝的效果，序文“皇后复得亲幸”云云，并非事实，观其文义，序文是后人所加的。

自古英雄爱美人，汉武帝内宠既多，爱情难于专一，陈阿娇废居长门，卫子夫后来也年长色衰，步了阿娇后尘，继子夫获宠的，最著名的是李夫人。

李夫人之兄李延年，身及父母兄弟，皆故倡也。延年坐法腐刑，给事狗监，性知音，善歌舞。每制新曲，听者无不动容，于是进幸武帝左右。一日，延年侍座，起舞而歌曰：

北方有佳人，绝世而独立。一顾倾人城，再顾倾人国。宁不知倾城与倾国，佳人难再得。

上叹息曰："善，世岂有此人乎？"

平阳公主因言延年有女弟，上乃召见之，妙丽善舞，由是得幸。生一男，是为昌邑哀王。

李夫人娇弱多病，少而早卒。初，夫人病笃，帝亲临视之。

夫人蒙被谢曰："妾久寝病，形貌毁坏，不可以见帝。愿以王（昌邑王）及兄弟为托。"

上曰："夫人病甚，殆将不起，一见我，属托王及兄弟，岂不快哉！"

夫人曰："妇人貌不修饰，不见君父，妾不敢以燕婧见帝。"

上曰："夫人但一见我，将加赐千金，而予兄弟尊官。"

夫人曰："尊官在帝，不在一见。"

上复言欲必见之，夫人遂转向觑欷而不复言。

欢乐极兮哀情多

李夫人临终不肯见帝，很难得到别人的谅解，但她却有一番道理。夫人姊妹让之曰："贵人独不可一见上，属托兄弟邪？何为恨上如此？"

夫人曰："所以不欲见帝者，乃欲以深托兄弟也。我以容貌之好，得从微贱爱幸于上。夫以色事人者，色衰而爱弛，爱弛则恩绝。上所以挛挛顾我者，乃以平生容貌也，今见我毁坏颜色非故，必畏恶吐弃我，意尚肯复追思悯录其兄弟哉？"

及李夫人卒，帝以后礼葬。其后，上以夫人兄李广利为贰师将军，封海西侯，延年为协律都尉。

武帝思念李夫人不已，方士齐人少翁，言能致其魂魄。乃夜张灯烛，设帷帐，陈酒肉，而令上居他帐，遥望见好女如李夫人之貌，姗姗走到帐中，却又看不真切，恍惚又没，帝愈益相思悲切，作诗曰：

是邪非邪？立而望之，偏何姗姗其来迟！

令乐府配音乐歌之。帝且作赋以伤悼夫人，哀感顽艳，文长不具录。继作落叶哀蝉之曲，其辞曰：

罗袂兮无声，玉墀兮生尘，虚房冷而寂寞，落叶依于重扃。望彼美之女兮，安得感余心之未宁！

李夫人死后，武帝郁郁寡欢，后来总算又得了尹夫人和邢夫人，聊慰寂寞，同时并宠。然而岁月易逝，人事弥定，尹、邢二夫人擅宠承欢，亦不甚久，而武帝则渐渐步入老年，行幸河东时，感慨岁华，好景不长，作秋风辞，曰：

秋风起兮白云飞，草木黄落兮雁南归。兰有秀兮菊有芳，怀佳人兮不能忘。泛楼船兮济汾河，横中流兮杨素波，箫鼓鸣兮发棹歌。欢乐极兮哀情多，少壮几时兮奈老何！

天汉年间，武帝年近六十，巡狩过河间，望气者言，此间有奇女子。天子亟使人召之，赵其姓，生有殊色。既至，女两手皆拳，上自擘之，随擘而开，由是得幸，号曰拳夫人。拳夫人进为婕妤，居钩弋宫，大有宠。太始三年（公元前 94 年）生一子，宫中称钩弋子，后取名弗陵，即为继武帝大统的汉昭帝。

钩弋子，其母怀胎十四个月而生，上曰："昔尧十四月而生，今钩弋亦然。"乃命其所生门曰尧母门。

此时卫子夫虽失宠，仍居皇后名分，而卫太子虽不得武帝欢心，依然是皇太子。不久，巫蛊祸起，牵连皇后及太子，太子造反，事败出亡自经，于是宫中发生了立储的问题。武帝诸子之中，燕王旦、广陵王胥多过失，王夫人男齐怀王，李夫人男昌邑哀王，皆早死。只有这个晚年所生的钩弋子，年虽幼而壮大多知，上常言类我，又感其生与众异，甚爱之，心欲立焉。

忽一日，钩弋夫人从幸甘泉宫，武帝突然无缘无故，发起怒来，命左右将夫人送掖廷狱，是夜，钩弋夫人死在狱中。因葬云阳。既爱其子，又杀其母，这不是当时朝臣所能了解的。但汉武帝却有他的用意，他以为大凡幼主在位，母后年轻，不免骄淫乱政，杀母所以先除后患。

武帝杀死了钩弋夫人，心中仍有不忍，后于甘泉宫筑通灵之台，以悼望之。

后元二年（公元前 87 年）二月，正式立弗陵（钩弋子）为皇太子，即在当月，武帝驾崩五柞宫。

然而这些事故，都是后来的发展，在先，征和元二年（公元前 92 年 - 公元前 91 年）间，宫中发生了巫蛊之祸，不仅牵连及卫后及卫太子，坐巫蛊死者数以万计，此一轩然大波，必须在下面补加叙说。

心理变态精神恍惚

武帝信方士，求神仙，左右多牛鬼蛇神之辈，此一风气，且流行于高官贵戚之家，方士之外，且有许多巫妇，左道旁门，出入于宫掖王府，教导宫人贵妇以迷信的祈禳之术，如于地下埋木人，藉以求福或诅咒他人。这些宫廷妇女，生活圈子小，心地狭隘，寂寞忌妒，于是藉此种邪术，陷害他人，互相诅咒，发泄怨怒，即所谓巫蛊之术。

而武帝晚年，精神不正常，心理变态，疑神疑鬼，喜怒无常，时时忧虑别人暗算。精神恍惚之中，有时看见有似刺客的歹徒，带剑至其左右，忽又不见。有时梦中见无数木人，以木槌从四面打来，一身冷汗，突然惊醒。

征和元年（公元前 92 年）十一月，发三辅骑士大搜上林，闭长安城门十一日搜索奸人，汹然大举。

其时丞相为公孙贺，贺妻乃卫后之姊，生子敬声为太仆。敬声因赃下狱，又有人控告，敬声与阳石公主（卫后所生女）私通。并咒诅武帝，牵连及于丞相，公孙贺亦下狱案验，父子俱死狱中。明年，诸邑公主（亦卫后所生女）、阳石公主及卫后之侄长平侯卫伉，俱坐巫蛊之罪处斩。

武帝以江充为直指绣衣使者，严搜巫蛊，穷治其事。江充本是一个心狠手辣，善于逢迎的小人。为人魁岸，容貌甚壮，颇得武帝信任。言上疾，祟在巫蛊。武帝即命江充为治蛊的使者，他率领着若干胡妇，到处掘地求蛊，捉到嫌疑人犯，用火钳烙铁，种种酷刑，拷讯迫供，受刑的熬不过，便辗转攀诬，皆以大逆论罪，坐而死者前后数万人。

是时武帝春秋高，病榻缠绵，疑心生暗鬼，以为左右皆作蛊咒诅。充平日与太子嫌隙甚深，因恐武帝一朝晏驾，为太子所诛，既知上意，因言宫中有蛊气，先治后宫希幸夫人，以次及皇后，继到太子宫掘蛊，果于地下掘得埋有桐木人。

太子惶惧，召少傅石德问计，德惧为师傅并诛，因谓太子曰：

> 前丞相父子、两公主及卫氏皆坐死，今巫与使者掘地得征验，不知巫置之邪，将实有也？无以自明。可矫以节收捕充等系狱，穷治其奸诈。且上疾在甘泉，皇后及家吏请问皆不报，上存亡未可知，而奸臣如此，太子将不念秦扶苏事耶？

太子在急迫情况下，依石德之计。征和二年（公元前 91 年）七月壬午，使人诈作天子使者，收捕江充及其同党按道侯韩说等。韩说疑有诈，拒捕不肯受诏，被使者格杀。太子使人持节夜入未央宫，因长御倚华急白皇后，皇后命发中廄车，载射士，出武库兵器，又调发长乐宫卫卒，告令百官曰："江充反！"乃斩充以徇，炙胡妇上林中。

武帝养疴甘泉宫，有人奏禀太子反，上闻变大怒，急问丞相刘屈氂何为？左右对曰："丞相秘之，未敢发兵。"上怒曰："事籍籍如此，何谓秘也！丞相无周公之风矣。周公不诛管蔡乎？"乃赐丞相玺书，令捕反者，坚闭城门，毋令反者得出。

太子既诛充，宣言天子病困，奸臣作乱，武帝乃扶病幸城西建章宫，诏发三辅近县兵，统由丞相指挥。太子矫诏发长安囚徒、胡骑，令少傅石德等率领，又使人持节发北军兵。这些武装军队及市民数万众，行至长乐宫西，遇丞相兵，大战五日，死者数万人。

太子军败，南奔出覆盎门而逃，出亡以至自经，已见本章之首，不再重复。太子亡走后，诏遣宗正刘正乐，执金吾刘敢，奉策收皇后玺绶。皇后哀伤惶恐，宛转自杀而死。卫子夫自建元二年（公元年 139 年）尚衣得幸，在宫中四十八年，祸福穷通，真所谓历尽沧桑，而武帝一生，为了那些宠幸的美人，也制造了不少喜怒哀乐，可歌可叹的故事。

第五章　金轮皇帝

生理和心理变态

改唐为周，南面称帝的武则天（曌），为历史上一位杰出女性，本书前编，曾叙说其一生，仅在梗概处落墨，这不平凡的“金轮皇帝”，多彩多姿的生活，可以补充的故事自然还有很多。

俞大纲教授为本书前编作序，云：“武曌与佛教的关系，陈寅恪先生曾举李义山纪宜都内人的话，解释她外宠之多，是以男性皇帝自居。这一思想，渊源于印度佛教教义中佛无女性，这是旧史新诠的卓绝见解。”认为这是本书值得补充的。

感谢大纲兄给我很大的启发。则天与佛教的关系，当于下文述说，先谈这女皇帝，心理和生理两方面，都有些不寻常，或可名之为“变态”。

她以六十高龄的老妪，宠纳美男子为男妾，如承宠的张易之、昌宗兄弟，傅粉施朱，衣锦绣服，淫乱宫中，我们不必看《控鹤监秘记》等书的色情描写，若翻检正史，即可发现则天许多燕昵羞秽记载。长史侯阳自荐曰：“阳道壮伟，堪充宸内供奉。”则天的男宠，不仅供调笑戏弄，而是“实事求是”，一点不含糊的。此生理之变态也。

她心理方面的变态，确以男性皇帝自居，以美男子装作女性。供她玩弄，即是心理变态的表现。她虽信佛，但是男宠并不渊源于佛无女性之说，宜都内人劝说则天的，就是要她放弃男宠。以为放弃了男宠，则刚亢明烈，男性益削，女性益专，多男宠则“阴求阳也，阳胜而阴亦微”。

笔者提出此一看法，目的在与大纲商榷，不敢说另持别见。大纲寥数语，对陈寅恪的原意，没有发挥的机会。也许和笔者所见并没有多少出入。

李义山那篇《宜都内人》的文章，见其文集，内人即宫人，也是女性，她对发展女权，助长则天以女为男的变态心理，另有一番理论基础。义山此文篇幅不长，兹据《唐文粹》录之如次：“武后篡既久，颇放纵，耽内习，不敬宗庙，四方日有叛逆，防御不暇。宜都内人以唾壶进，思有以谏者。后坐帷下，倚檀儿与语，问四方事。宜都内人曰：大家知古女卑于男耶？后曰：知。内人曰：古有女娲，亦不正是天子？佐伏羲，理九州耳。后世娘姥有越出房阁断天下事者，皆不得其正，多是辅昏主，不然抱小儿。独大家革天性，改去钗钏，袭服冠冕，符瑞日至，大臣不敢动，真天子也。然今内之弄臣狎人，朝夕进御者久未屏去，妾疑此未当天意。后曰：何？内人曰：女阴也，男阳也，阳尊而阴卑。虽大家以阴主事天，然宜体取刚亢明烈，以消群阳，阳消然后阴得志也。今狎弄日至，处大家夫宫尊位，其势阴求阳也，阳胜而阴亦微，不可久也。大家始今日，能屏去男妾，独立天下，则阳之刚亢明烈可有矣。如是过万万岁，男子益削，女子益专，妾之愿在此。后虽不能尽用，即日下令诛作明堂者。”

所云诛作明堂者，系指薛怀义。怀义初得幸于千金公主侍儿，公主上言可入侍，武后召与之私，他是武后较早的嬖幸。曾督造明堂，后因骄倨而宠衰，武后密诏系杀之。武后之杀怀义，并非如李义山所记，采纳了宜都内人之谏。

宜都扩张女权，压倒男子的理论，是能投则天所好的，然而这位袭服冠冕，改去钗钏的女皇帝，装束上的改变，固可满足她以女为男的变态心理，但若屏男妾而用女宠，则无法“实事求是”，在生理与心理两种变态的冲突结果，只能叫张易之兄弟傅粉施朱，外形上聊充女性，宜都之谏所以不能尽用，症结或许在此。

因为生理上的变态，除已有男宠之外，专设奉宸院，广征美男子。应选者不乏其人。诗人宋之问，亦为奉宸内供奉，此人诗才绝妙，可惜人品不高，他媚附易之。易之为奉宸令，《新唐书》云，“至为易之奉溺器”。他自然也想亲近则天，可是他有口臭之病，则天对男宠选剔甚严，虽爱他诗才，床笫之间是轮不到他的，只有他上殿奏事的份，因此颁赐近臣，凡是上殿奏事者，嘴里必须含一片“鸡舌香”。

用佛经为称帝符谶

则天信佛，为其母家家庭环境熏习而来。其母杨氏，及则天为皇后，封代国夫人，后改封荣国夫人，为隋宗室始安侯杨达之女。陈寅恪曰：“南北朝诸皇室中，与佛教关系最深切者，南朝为萧梁，北朝则杨隋两家而已。”

则天母荣国夫人，笃信佛法，陈寅恪《武曌与佛教》一文，引唐释彦悰所编之《集沙门不应拜俗等事》，载龙朔二年（661 年）四月二十七日，西明寺道宣等上荣国夫人杨氏，《请论沙门不合拜俗启》一首，下注云：“夫人帝后之母也，敬崇正化，大建福门。造像书经，架筑相续。出入宫禁，荣问莫加，僧等诣门致书云尔。”

僧徒欲借其力，保存不拜俗之佛教教规，则荣国夫人之崇佛可知。而则天之信佛教，实得其母之影响。

则天改唐为周，登极为帝，即利用佛教教义为符谶作宣传。

中国儒家经典，不许女子干国政，如《尚书·牧誓》云，“牝鸡司晨，惟家之索”。妇人干预外事，谓之牝鸡司晨，是政治上的不祥现象。则天以女身而称帝，在中国传统为未有之创局，如欲在宣传上证明其此举为合理，绝不能在儒家经典中找到根据，必求之于她所信仰的佛教教义，而竟然被她找到了。

陈寅恪论曰：“考佛陀原始教义，本亦轻贱女身，后来演变，渐易初旨。末流至于大乘急进派之经典，其中乃有以女身受记为转轮圣王成佛之教义。”则天所颁行天下以为受命符谶的《大云经》，即属此大乘急进派的经典。

《旧唐书·则天皇后纪》云：“载初元年（690 年）有沙门十人伪撰《大云经》，表上之，盛言神皇受命之事。制颁于天下，令诸州各置大云寺。”

又《薛怀义传》：“怀义与法明等造大云经，陈符命，言（则天）是弥勒佛下生，作阎浮提主，唐氏合微。故则天革命称周，怀义与法明等并封县公，赐物有差，皆赐紫袈裟、银龟袋，其伪《大云经》，颁于天下，寺各藏一本。”

薛怀义与则天私，初欲掩其迹，便于出入禁中，曾度为僧，故此次亦有紫袈裟之赐。

载初元年（690 年）九月改元天绶，载初与天绶其实是同一年，怀义等表上《大云经》到改周称帝，是紧接发生的，这是事前有计划的一套作法，绝非偶然。

然而《大云经》为天竺原有，并非临时伪造，此经中土于晋代已译，所传有两种译本，一、后凉昙无谶所译，名《大方等大云经》，二、竺法念译《大云无想经》。

近代于敦煌石室发现《大云经疏》残卷（现藏伦敦博物馆），王国维为文跋之，有云："今观此卷所引经文，皆与凉译无甚差池。"故陈寅恪曰："其原本实出自天竺，非支那所伪造也。"又云："薛怀义等当时即取旧译之本，附以新疏，巧为附会。"

《大云经》载有两个印度故事，一谓女身当王国土，二言王女继承王位。陈寅恪引《大云经》中这两个故事云：

> 佛告净光天女言：汝于彼佛暂一闻大涅槃经。以是因缘，今得天身。值我出世，复闻深义。舍是天形，即以女身当王国土，得转轮王所统领处四分之一。（中略）汝于尔时实是菩萨，为化众生，现受女身"此转轮王之说，所以则天称为"金轮皇帝"也。

又引别章云："我涅槃已七百年后，是南天竺有一小国，名曰无明。彼国有河，名曰黑暗。南岸有城，名曰谷熟。其城有王，名曰等乘。其王，夫人产育一女，名曰增长。……其王未免忽然崩亡。尔时诸臣即奉此女以继王嗣。女既承正，威伏天下。阎浮提中所有国土悉来承奉，无拒违者。"

故事说，前一女为菩萨所化，当王国土，后一女继承王位，威伏天下。则天以女身称帝，既不能于儒家经典中得一合理之证明，自不得不转求之佛教经典，以作女主之符谶，宣传此女子可为国王的历史根据。

则天的宣传是大规模的，把《大云经》颁于天下，令各州置大云寺，寺各藏一本，且由僧伽升座讲说。

她在利用佛教，附会称帝之前，信仰原甚驳杂，同时亦用道教的方士。《新唐书》云："麟德初，后召方士郭行真入禁中为蛊祝。"称帝之后，天绶二年（691年）三月，颁“释教宜在道法之上”制，曰：“大云阐奥，明王国之祯符，方等发扬，显自在之丕业”。又曰：“自今已后，释教宜在道法之上，缁服出黄冠之前。”

被缁服不在太宗始崩之时

则天于贞观十三年（639年），十四岁，太宗召入宫为才人，《新唐书》云：“太宗闻士彟女美，召为才人，方十四，母杨恸泣与诀，后（则天）独自如，曰：见天子庸知非福，何儿女悲乎？母韪其意，止泣。既见帝，赐号武媚。及帝崩，与嫔御皆为比丘尼。高宗为太子时，入侍悦之。王皇后（高宗之后）久无子，萧淑妃方幸，后阴不悦。它日帝（高宗）过佛庐，才人见且泣，帝感动。后廉知状，引纳后宫，以挠（萧）妃宠。”

《旧唐书》和《资治通鉴》的记载大体相同，《通鉴》特别指明为尼的地点，是感业寺。因《通鉴》将则天为尼召入宫为高宗昭仪一事，系于永徽五年（654年）三月，于是一般读史者，咸以为则天于太宗死后，曾入寺为尼，后再入宫为昭仪，其时为永徽五年，这是错误的。《通鉴》的记述，“初王皇后无子”，“初”字表示这是补叙过去的事情。

则天于永徽三年（652年）曾生子弘，弘死于二十四岁，谥孝敬皇帝。《唐大诏令集孝敬皇帝哀册文》称：“维上元二年（675年）夏四月己亥，皇太子弘薨于合璧宫之绮云殿，年二十四。”据此推算，弘当生于永徽三年。

据李树桐教授之考证，则天于太宗死后，根本没有入寺为尼之事。而高宗纳为昭仪早在贞观末，亦即其父亲死的当年。

《新唐书·高宗废后王氏传》云，“武才人，贞观末以先帝宫人召为昭仪。”太宗死于贞观二十三年（649 年）五月，则武氏为昭仪是在当年五月以后，年底之前。非永徽五年（654 年）。

父死即以其才人纳为昭仪，此于礼法不合，于是写实录的史官，遂捏造则天于太宗死后，曾入寺为尼的故事，摆脱与太宗的关系，作此曲笔。太宗及高宗实录，今已不存，但修纂《唐书》及《通鉴》之时，书未失传，故据实录有此叙述。

《通鉴》既有“上之为太子也，入侍太宗，见才人武氏悦之”之语，且高宗立武后诏云：“朕昔在储贰，特荷先慈，常得侍从，弗离朝夕”。则高宗之接近武才人，非一朝一夕之事。李树桐论曰：

> 素多智计的武才人，看到太宗皇帝年老多病，而又常常他幸京外，太子受皇帝依托日重，而又歧嶷端审，宽仁孝友，很是她将来依靠利用的对象，在所谓弗离朝夕的接近生活下，便发生骆宾王所谓秽乱春宫的事情。

则天在太宗死后之入寺为尼，固非事实。但她十四岁未入宫之前，因母杨氏之虔信佛教，确有正式或非正式的出家之事。

敦煌写本《大云经疏》有一语云：“伏承神皇（指则天）幼小时，已被缁服。”陈寅恪曰：“若依（司马）君实之考定，武曌既于贞观十一年（637 年），年十四岁入宫，则贞观二十三年（649 年）太宗崩后，（若）出居感业寺为尼时，其年已二十七岁。以二十七岁之年，古人决不以为幼小，故幼小之语，显指武曌年十四岁未入宫以前而言。然则武曌幼时，即已一度正式或非正式为沙弥尼。其受母氏佛教信仰影响之深，得此一事更可认明矣。”

第六章　阴骘权诈

鸟尽弓藏兔死狗烹

古昔集权帝王，他们的意向就是法律，臣下的爱憎荣辱，生死予夺，操之一手，决定于他们的喜怒之间。曾国藩给他九弟国荃的家书中说：汉唐以来，立大功的名将，得善终者仅郭子仪一人。为了使其弟有所警惕，这话说得也许有些夸张，然而国藩是深知君臣相处之道的，为了自保安全，获军功后，谨慎小心，忧谗畏讥，如临深渊，如履薄冰，时时恐惧着祸之将临。我们翻开历史来看，名将名臣，遇到权诈之主，虽有大功，到利用价值告终，还是兔死狗烹，落一个悲惨结局。曾国藩的顾虑，决非杞人忧天。

本书前编，曾谈清世宗（雍正帝）的权谋夺位，约略说过暗中得隆科多和年羹尧之助。隆科多是宣布圣祖（康熙帝）传位遗诏的人，所传将“十四皇子”的“十”字改为“于”字之说，虽不能找到确实证据，而隆科多时任九门提督，掌握京师武装部队，世宗继统后，凡是觊觎大位，心怀不服的诸皇子如有变乱，则镇压有余。年羹尧为川陕总督，在西陲掌有重兵，足以钳制视师青海的抚远大将军十四皇子胤禵。盖圣祖于康熙五十七年（1718 年）

诏派胤禵之督师边陲，当时朝中诸臣默喻圣祖意欲其先立军功，为日后付托神器之准备。

世宗阴谋继统后，内外均无反侧，隆科多与年羹尧之功不为不大，故雍正帝初即位，即将隆、年二人加官晋爵，然数年间均遭整肃，隆科多瘐死狱中，年羹尧以九十二大罪赐自尽。论者以为雍正帝将隆、年二人之忽而加膝，倏又坠渊，有酬庸与灭口两种用意，酬二人之助己得位，灭口则恐机密泄漏。鸟尽弓藏，兔死狗烹，原为历史常例，何况阴鸷权诈的雍正帝。

隆科多是比较聪明的，他对自己的命运，事先似乎有所觉悟，他被定四十款大罪中，有一款为“妄拟诸葛亮，奏称，白帝城受命之时，即死期已至之日”。暗示机密，而且也许想以此邀世宗的怜宠，但这话在机心莫测的世宗听来，如何能予容忍，何况以皇帝比作刘阿斗，早就制定了他的悲惨结局。

年羹尧是个粗鲁庸才，丝毫不知世宗的胸中城府，恃宠而骄，岂有不速取灭亡的道理。1912 年之后，故宫博物院文献馆将清宫存档，陆续以《掌故丛编》等书公开发表，年羹尧与世宗的关系，在这些文件中，透露了不少有趣的曲折，值得专章加以叙说，以补前编仅述世宗夺位，对此丝毫没有触及的阙漏。

康熙五十六、五十七年（1717－1718 年）间，正是太子胤礽再废之后的数年，圣祖为诸皇子暗中争夺储位，忧思愤懑，不复更言立储之事，群臣以是请者，往往迁怒获罪。世宗时以四皇子雍亲王的地位，对储位有极大野心，然而丝毫不露圭角，笼络年羹尧，此时已密有部署，这个机密，如果为圣祖所知，不仅破坏了世宗异日成功的机会，且有生命危险，而年羹尧这个草包，此时竟写了一信给世宗，表示自己忠诚，丝毫没有考虑到暗示机密的不当，但世宗明察秋毫，复书对年羹尧严厉斥责，其言曰：

尚敢说“今日之不负皇上（指圣祖），即异日之不负我（世宗自称）者，是何言欤？”以无法无天之谈，而诱余以不安分之举也。岂封疆大臣之所当言者？“异日”两字足可以诛年羹尧全家。

世宗日后之必诛年羹尧，此时实已伏下根底。然而年羹尧尚有利用价值，必须以最大的忍耐，加以羁縻。

絮絮道家常

年羹尧为汉军镶黄旗人，康熙三十八年（1699 年）中进士，入翰林院为庶吉士。四十八年（1709 年）二月世宗主镶黄旗，与年之关系开始于此。羹尧于同年九月，出任四川巡抚，才能出众，渐为圣祖赏识，康熙五十七年（1718 年）十月，皇十四子胤禵奉诏任抚远大将军，征准噶尔，而羹尧亦升任四川总督。后二年，西陲乱平，胤禵军功卓著，年亦因功授平西将军，翌年赴热河觐见圣祖，旋擢川陕总督。

世宗在雍邸时，尝纳羹尧一妹为妃，所以他们还有姻亲关系。康熙六十一年（1722 年），世宗夺位成功。最初一二年间，与他争夺皇位的诸弟，胤禩、胤禟、胤禵和他们的党羽尚未翦除，世宗地位亦未稳固，年羹尧为西陲统辖军权之大将，尚有依仗之必要。为了利用和酬庸夺位阴谋的合作，雍正元年（1723 年）三月，封羹尧为三等公，九月，继胤禵为抚远大将军，次年（1724 年）三月封一等公。

这还不过官位的擢升，如读故宫文献，更可发现世宗之羁縻羹尧，无所不用其极，赏赐的频繁，奏章批语的亲昵，有时娓娓絮话，宛若家人父子，超过了一般君臣关系。

自元年正月起，一直到次年九月止，从年羹尧的谢恩折看，御赐物品之多，往往月有数起，其中有鲜荔枝、三鸠砚、诗扇、鹿尾、茶叶、袍褂、荷包、自鸣表、西洋规矩、珐琅杯、枷楠香、平安丸、天王补心丹、手巾、鼻烟、鸟枪等等，不胜枚举。

世宗夺位之利用隆科多与年羹尧，当初两人各不相知，用的也就是今日情报术语所谓“单线领导”。隆、年二人最初尚有小小摩擦，世宗即位后，即着手撮合年、隆二人的关系，盖当时政敌诸皇子尚未肃清，正需要隆、年的合作和协力。雍正元年（1723年）正月初二日，年有“会陈军务事情请先具稿密陈折”，世宗朱批云：

> 朕安，朕原不欲尔来，为地方要紧。今览尔所奏，尔若不见朕，原有些难处，难处者军务总事结局处。舅舅隆科多奏，必得你来同商酌商酌。地方情形汝可以来得，乘驿速来。再舅舅隆科多，此人朕与尔先前不但不深知他，真正大错了。此人真圣祖皇考忠臣，朕之功臣，国家良臣，真正当代第一超群拔类之希有大臣也。其余见你之面，再细细问你。

此为撮合之始。羹尧之子年兴，随父进京，世宗授为三等侍卫，令侍直内廷。另一子年熙，由世宗做主，过继于隆科多，再作进一步之摄合。羹尧于雍正二年（1724年）有“谢赐诗扇折”，朱批云：

> 朕已谕将年熙过继与舅舅隆科多作子矣。年熙自今春病只管添，形气甚危，忽轻忽重，各样调治，幸皆有应，而不甚效。因此朕思此子非如此完的人，近日着人看他的命，目下并非坏运，而且下运数十年上好的运。但你目下运中言刑尅长子，所以朕动此机，连你父（羹尧父遐龄，时居住在京）亦不曾商量，择好日即发旨矣。此子总不与你相干了。舅

舅已更名得住，从此自然痊愈健壮矣。年熙病，先前即当通知你，但你在数千里外，徒烦心虑，毫无益处。但朕亦不曾欺你，去岁字中，皆谕你知老幼平安之言。自夏春来，惟谕尔父健康，并未道及此谕也。朕实不忍欺你一字也。尔此时闻之，自然感喜。将来看得住功名世业，必有口中生津时也。舅舅闻命，此种喜色，朕亦难全谕。舅舅说："我两人若少作两个人看，就是负皇上矣。况我命中应有三子，如今只有两个，皇上之赐，即是上天赐的一样，今合其数。大将军（指羹尧）应剋者已剋，臣命应得者又得，从此得住自然痊愈，将来必大受皇上恩典者。"尔父传进宣旨，亦甚感喜，但祖孙天性，未免有些眷恋也。特谕你知。

絮絮道家常，不但自古群臣所无，即布衣父子昆弟亦少如此绵绵情话。

既甘且媚的羁縻

雍正二年（1724 年）七月初二，羹尧"谢赐珐琅鼻烟壶折"，世宗旁批："真奇才，如不悲失一年熙，贺舅舅添一得住之句，朕实欣赏，嘉服之至，非锦心秀手，何能如此令人快心悦目。"此折之后，复加朱批，有云："览卿奏谢二折，朕甚嘉赏，皆从真如三昧中得来，非泛泛口笔之章句也。朕躬甚安，卿足疼可痊愈否？得住近日又好些，总不与卿有干之事，一点放在心上也使不得。写一柄闲扇赐卿，如此等者，不必具本奏。"

是年秋，年熙病殁，羹尧于九月初六日有"谢蒙慰诲折"，中言"九月初三日，恭接圣谕，唯恐臣因年熙之事，致有过伤，谆谆慰诲"。

此类笼络羁縻之朱批，既甘且媚，多不胜引，姑再录数则如次：

二年（1724 年）正月初二日，羹尧"奏谢赐貂皮褂等物"，朱批云：

实未酬尔之心劳功忠四字也。我君臣分中不必言此些小，朕不为出色的皇帝，不能酬赏尔之待朕；尔不为超群之大臣，不能答应朕之知遇。唯将互相（蚀去一字）勉在念，做个千古榜样人物也。

同年三月十八日，朱批“羹尧奏谢赐自鸣表折”：“览卿奏谢，知道了。从来君臣之遇合，私意相得者有之，但未必得如我二人之人耳。尔之庆幸固不必言矣，朕之欣喜亦莫可伦比。总之，我二人做个千古君臣知遇榜样，令天下后世钦慕流涎就是矣。朕实实心畅神怡，感天地神明赐佑之至。”

同年闰四月初一日，“谢赐枷楠暖手折”，朱批云：“实在是块好香，做四件玩器，赐怡亲王、舅舅两块，给你带一块来，朕留一块，现今不时把握。”

同年六月初六日，“谢赐手巾鼻烟壶折”，朱批云：“览卿奏谢，知道了，今有新进三种小规矩甚如意，寄赐与卿以为玩具，卿之感固一日不能忘，而朕之怜实不能一时不念也。我君臣努力措天下于至理，赖圣祖遗恩，我君臣庆辞烦劳心力也。其勉之。”

世宗出乎常情的亲热，年羹尧丝毫不觉其中所包含的莫测机心，竟谬托知己，对那握有无限权力，阴险机诈的帝王，认为布衣刎颈之交。得意忘形的心情，每流露于奏章之中，而世宗对于这些奏章，佯作优容之态，而批语的字里行间，也不免露出锋芒，有时还带着恳切警告和教训之意，似乎欲其免蹈杀身惨祸，可惜羹尧始终不觉悟，此孟心史之所以论年羹尧为蠢材也。

近代都市交通，有一标语曰，“保持距离，以策安全”。这道理，在古代极权政治的圈子里，处处埋伏着杀机，未尝没有用处，俗语所谓“伴君如伴虎”，可惜非年羹尧所能了解。

一点不察锋芒

年羹尧的愚昧，世宗在朱批中所露的锋芒，亦可举若干实例言之，据此可知即无夺位密谋的灭口之事，羹尧所造成的语言文字之隙，也足召杀身之祸而有余。

故宫藏羹尧真迹奏折中，有一件无年份，奏云："今年三月，臣将《陆宣公奏议》一部恭进，蒙圣恩许赐序文，臣踊跃感激，不知所云。伏念万几无暇，恭劝节劳颐养，何敢以此上烦圣心，不揣固陋，代拟一序，倘得宸翰挥洒颁发，（句旁朱批：得暇好好写来赏你，定不得日期。）臣之荣耀永永无极"。

世宗朱批云："朕览此奏，比是什么更喜欢，这才是。即此一片真诚，必感上苍之永佑。凡百就是如此对朕，朕再不肯好而不知其恶，少有不合朕意处，朕自然说给你，放心为之。"

元年（1723 年）八月十五日，羹尧有"谢御书陆贽奏议序文折"，则可知上折为元年三月以后，八月以前之事。

许赐序文，而并未令其代作，公然拟上，这是大违君臣体制的。朱批明示已知其恶，又云："不合朕意处，自然说给你。"虽仍应其所请而写了给他，世宗本性，明察秋毫，最讲边幅，心中是不高兴的，这种含意深沉的外交辞令，年羹尧毫无所悟，且亦无动于衷。

是年中秋节前十日，世宗赏赐羹尧月饼水果及御书诗扇两柄，羹尧于谢折中奏云："奖励过优，臣既当之有愧，而两月以来，边阅邸抄，圣主行仁敷政，洞烛隐微，为善日强，种福无量，臣敢不益加警惕，仰佐高深。"

世宗心中有夺嫡的隐咎，“为善日强”，也可作反面解释：过去没有为善，或为善而尚有不足，故须求之日强。近人吴相湘《中秋词与年羹尧》一文论曰：“雍正帝看到‘为善日强’四字，心中就不免有异样感觉，这可于折尾的朱批看到‘实赖尔等中外协力赞襄，大家劝免，以成全皇考体面也’。羹尧粗材，竟没有体味到这几句话的醋意，九月十五日更又奏道：‘且圣躬安健异常，为善日强四字，臣能言之，圣主能行之。然后知上帝垂慈，圣主默佑。’满心以为‘为善日强’四字说得好，殊不知雍正帝这时却把它作反面文章看，认为羹尧是有意的讽刺。”

二年（1724 年）三月十二日，羹尧“谢赐珐琅双眼翎折”，有云：“更恳圣慈，如有新制珐琅物件，赏赐一二，以满臣之贪念，臣无任悚惶之至。朱批：珐琅之物，尚未暇精制，将来必造可观。今将现有数件赐你，但你若不用此一贪字，一件亦不给你，得此数物，皆一字之力也”。羹尧以“贪”字作轻狂戏谑之不敬表示，朱批亦以佻达指出之，意示尔之不敬，在我洞鉴之中。然而这也没有促起羹尧的觉悟。

隔了半个月，青海军事已告平定，羹尧自恃劳苦功高，三月二十九日奏“谢赐鹿尾折”，有颂世宗“战胜不骄，功成不满”语。朱批云：

> 朕实无心作不骄不满之念，出于至诚，唯天可表。此一番事，若言朕不福大，岂有此理，上天见怜，朕即福人矣。但就事而言，实皆圣祖之功。自你以下，哪一个不是皇父用的人？哪一个兵不是数十年教养的兵？前西海势涌，正当危急之时，朕原存一念，即便事不能善结，朕不肯认此大过。何也？当不起原系圣祖所遗之事。今如此出于望外，就此将奇勋自己认起来，实实面愧心惭之至。朕身即圣祖之身，然到底是父子君臣，良心上过不去。所以各陵告祭皆如例篆文，另拟祭文，以告景

陵。将文稿发来你看毕，即知朕之真心也。尔等此一番效力，是成全朕君父未了之事之功。据理而言，皆朕之功臣，据情而言，自你以下，以至兵将，凡实心用命效力者，皆朕之恩人也。言虽粗鄙失理，尔等不敢听受，但朕实实居如此心，作如此想。朕之私庆者，真正造化大福人则可矣。唯以手加额，将此心对越上帝以祈始终成全，自己亦时时警惕，不移此志耳。

羹尧只看见“恩人”等轻佻用语，没有觉察世宗其实正告以国家平此一地，自是有所凭借，皆圣祖遗烈，非将帅所能自任。而最后“时时警惕，不移此志”的警告，更非羹尧所能领会。

揭露真面目

是年中秋节前，世宗又亲书苏东坡《中秋词》一幅及饼果等物特赐羹尧，另颁朱谕，有云，“中秋节届，将数种食物与你，但愿人常好，千里共婵娟之意。”人常好，明明有善保晚节的警告之意，而八月十五日羹尧复奏谢恩，其中有云，“臣惟仰祝从此人长好，万里共婵娟，如是足矣”。世宗在句旁朱批云：“览卿奏，知道了。”

东坡词“千里共婵娟”原文如此，世宗书赐羹尧者亦如此，而羹尧偏要自作聪明，改“千里”为“万里”，按君臣体制，这是大不敬。此处朱批“知道了”明告羹尧，一字之微，亦难逃洞鉴。

恰好此时，羹尧又附折求入觐，世宗立即批准，意欲借此当面观察羹尧言行。《中秋词与年羹尧》一文云：“谁知十月初旬，羹尧到京后，仍是那一套‘为善日强’、‘治己求治’、‘安己求安’的话，使雍正帝大大生气说：‘凡人修身行事，是即是矣，好即好矣，若好上再求好，是上更觅是，不免过犹不及。治己求治，安己求安之论，到底是未治未安也。朕生平不为过头事，不存不足心，毋必毋执，听天由命，从来行之似觉有效，但未知收原结果如何耳。'因之君臣不欢而散。"

羹尧入觐，骄纵之态，不仅世宗所不喜，且为王公大臣及百官所忌恶。《清史稿·年羹尧传》云："入觐，令总督李维钧、巡抚范时捷跪道送迎。至京师，行驰道，王公大臣郊迎不为礼，蒙古诸王公见，必跪。"

世宗态度之变，揭露真面目，可于朱批四川巡抚王景灏的奏折见之。朱批雍正二年（1724年）十一月初二日奏折云："凡尔川省属员，须尔自出藻鉴，甄别优劣，不可全听年羹尧之指挥，以定去留也。"又同日朱批另奏云："年羹尧今来陛见，甚觉乖张，朕有许多不取处。不知其精神颓败所致，抑或功高志满而然。"

十二月廿一日朱批王景灏奏折有云："再者，多有人言尔为年羹尧之鹰犬，朕思断不肯为此等无耻之行，而年羹尧亦不应居此等无理之心。至隆科多、年羹尧二人，朕初看伊等具有聪明见解，能知大体，受恩深重，自循谦退，岂肯趋蹈危险，以玷朕名而招天下后世之议论，朕作如此想，所以迩年来，言听计从，任用之而不疑。不料今岁年羹尧陛见，二人皆被朕看破，均非无瑕之器。于奏对之间，错乱悖谬，举止乖张，大露擅作威福，市恩揽权情状，朕随深加训诲，曲示保全之道。"

羹尧此次入觐，对世宗之意，亦有所捉摸，十月回任后，即于十二月十二日上奏"谢蒙陛见奏折"，有云，"奔走御座之前三十余日，毫无裨于高深，祗自增其愆谬"。世宗的朱批，已无过去的亲热口气，冷冰冰地说了一番"功臣相时见机，不肯蹈险辙"的大道理，其言曰：

据此不足以报君恩父德，必能保全始终，不令一身至于危，方可谓忠臣孝子也。凡人臣图功易，成功难；成功易，守功难；守功易，终功难。为君者施恩易，当恩难；当恩易，保恩难；保恩易，全恩难。若倚功造过，必致返恩为仇，此从来人情常有者。尔等功臣，一、赖人主防微杜渐，不令至于危地；二、在尔等相时见机，不肯蹈于险辙；三、则大小臣工避嫌远疑，不送尔等至于绝路。三者缺一不可，而其枢要，在尔等功臣自招感也。

此后羹尧续有谢恩之奏，表示悔罪乞怜之意，然而为时已迟，再也无法挽回世宗的决心。

雍正三年（1725年）二月初二日发生日月合璧、五星联珠之天象，封疆大吏具本奏贺，羹尧表中将“朝乾夕惕”，倒成“夕惕朝乾”，构成了大不敬之罪。世宗并不于朱批申斥，而于三月二十三日，由内阁宣达上谕，其中有云：

年羹尧本内字画潦草，且将“朝乾夕惕”，写作“夕惕朝乾”。年羹尧非粗心办事之人，直不欲以“朝乾夕惕”四字归之于朕耳。年羹尧既不以“朝乾夕惕”许朕，则年羹尧青海之功，亦在朕许与不许之间而未定也。

委曲矜全莫大之恩

是年四月十八日，诏调年羹尧任杭州将军。

羹尧赶忙具折谢恩，云，“遵旨起程离陕，于仪征县恭候纶旨”。朱批云：“自此受宠若惊，方可法古大臣之万一，不然，我二人为千古大笑话矣。”然而世宗欲置之死地的决心，并没有动摇，又云：“看你这光景是顾你臣节，不管朕之君道，行事总是讥讽文章、口是心非口气，加朕以听谗言、怪功臣之语，朕亦只得顾君道，而管不得你臣节也。只得天下后世，朕先站一个是字了”。

先是，世宗整肃羹尧，已有定见，已培植好岳钟琪接替兵权，无虑羹尧叛变，然犹恐舆论讥议他的不容功臣，乃秘密授意甚或逼迫封疆大吏出面参劾年羹尧，造成非除不可之情势，借刀以杀之。

直隶总督李维钧对此似有犹豫，雍正三年（1725 年）二月初一日之奏折，建议用潜移默化，离散隆、年党羽，使“自知循分谨守”，“仍祈皇上录其微功，示之以恩，时加赉予，既凛天威，更沐矜全”。以免其反生疑畏，则难以力理事务，而“君臣上下，未免有所间隔”。世宗朱批云：“朕自有定见，不必过虑，隆科多、年羹尧岂能逃朕之范围也。”

李维钧不能迎合世宗意旨，到八月间，遭革职逮鞫之处分。

是年夏秋迄冬，参劾羹尧者，计有江苏巡抚张楷，两广总督孔毓珣，浙江巡抚傅敏，四川巡抚王景灏等，十二月，三法司及九卿会鞫，构成年羹尧九十二大罪。十一日上谕赐自尽。上谕有云：

“谕年羹尧：尔亦读书之人，历观史书所载，曾有悖逆不法，如尔之甚者乎？自古不法之臣有之，然当未曾破露之先，尚皆假饰勉强，伪守臣节，如尔之公行不法，全无忌讳，古来曾有其人乎？朕待尔之恩如天高地厚，尔扪心自思，朕之恩尚忍负乎？”

“尔应服极刑及立斩者共有三十余条，朕览之不禁坠泪。朕统御万方，必赏罚分明，方足以治天下，若如尔之悖逆不臣至此，要朕枉法宽宥，则何以彰国家之宪典，服天下之人心乎？即尔苟活人世，自思负恩悖逆至此，尚可以对天地鬼神，腼颜与古人相见乎？”

“今宽尔殊死之罪，令尔自裁，又赦尔父兄子孙伯叔等多人死罪，此皆朕委曲矜全，莫大之恩，尔非草木，虽死当亦感涕。”

“大凡狂悖之人，生前执迷，死后或当醒悟。若尔自尽后，稍有含怨之意，则佛书所谓永坠地狱者，虽历劫亦不能息汝罪孽也。”

羹尧临死尚有哀求折云，“臣今日一万分知道自己的罪了。若是主子天恩，怜臣悔罪，求主子饶了臣。臣年纪不老，留作犬马自效，慢慢的给主子效力”。

世宗视此蔑如，也许只博得他的一声冷笑而已。

第七章 垂帘听政

历史的奇迹

清以太祖努尔哈赤为开国之君，太祖婚于叶赫纳喇氏，生子皇太极，即太宗皇帝，太宗建年号天聪后，尊其母为辅圣高皇后。叶赫又作夜黑，纳喇又作那拉，皆满洲语汉译音异，原为蒙古部族，其部族之主，初亦称王。太祖婚纳喇氏为明万历十六年（1588 年）之事。

至万历二十一年（1593 年），叶赫与女真及蒙古九部落合兵仇太祖，《清实录》谓之九国之师。而叶赫部主卿家奴之子布戒（后改布寨，明记载作卜寨），马触木而倒，为太祖部卒所杀，九部之师皆溃。战事既终，叶赫请归卜寨之尸，太祖剖其半与之，遂成不解之仇。

而后四年，万历二十五年（1597 年），叶赫与太祖媾和，卜寨之子布扬古许以妹归太祖，旋又悔婚，留女而不遣嫁。按太祖之后，生皇太极者，为卿家奴之女，卜寨之姊，此女之姑。

叶赫悔此第二度的婚姻，遂成太祖最大口实，卒灭叶赫，清兵既定叶赫，颇扬威屠戮，恽毓鼎《崇陵传信录》云：男丁罕免者。布扬古临死愤曰：

吾子孙虽存一女子，亦必覆满洲。

这不过布扬古气愤之言，但清廷是迷信谶言的，于是嗣后宫中不选叶赫氏为妃嫔，定为祖制。所谓祖制，亦不过一种不成文的传统，隔了七代，到文宗（咸丰帝）之时，竟把此一祖制忘了，纳惠征之女为懿贵妃，即后之慈禧太后，掌政四十八年，骄蹇恣肆，造成亡清之局，惠征即出之叶赫那拉之族。慈禧又选其侄女为光绪帝之隆裕后，完成清室逊国之事。清以叶赫那拉氏为开国皇后，又以两那拉氏结束两百余年的统治，可谓巧合，而当年布扬古的谶言，亦竟如响斯应，真有些不可思议，也许是历史的奇迹吧。

慈禧故事，本书前编所言已多。然没有谈到她掌握政权之初的那一番政治斗争，即1861年的“辛酉政变”。在这次斗争中，显出了她用心机智，权谋毒辣，结果她是胜利了，奠定后此数十年掌政的始基，就狠戾机变的政治艺术言，足以媲美一千二百年前的武则天，所差者仅未称帝耳。

辛酉为其夫文宗（咸丰帝）驾崩之年，其时慈禧年二十八岁。前一年（咸丰十年，1860年）八月，英法联军陷天津，继续北犯，京师危急，咸丰于初七日命其弟恭亲王为全权大臣，留京与法公使议和。朱谕曰：“现在抚局难成，人所共晓。派汝出名，与该夷照会，不过暂缓一步，将来往返面商，自有恒祺、蓝蔚雯等，汝不值与该酋见面。若抚仍不成，即在军营后路督剿，若实在不支，即全身而退，速赴行在。”

咸丰帝本人，立即出京北狩，巡幸热河，以避其锋，六宫先行，慈禧时为懿贵妃亦在其内。王公大臣之扈跸北行者，有惠亲王绵愉、怡亲王载垣、郑亲王端华、惇亲王奕誴，及端华之弟尚书肃顺等。

是年秋，恭王与英法使臣缔成和约，两国军队先后自京撤退，于是恭王及留京大臣等，奏主回銮京师。帝九月二十五日朱批恭王等折后云：“二夷虽已换约，难保其明春必不反复。若不能将亲递国书一层取消，祸将未艾，即或暂时允许，作为罢论，回銮后，要挟无已，朕唯尔是问。”恭王等继又再次疏请，谓“先为理喻，亦可随时设法消弭”，并谓，“日久示之以信，似属无难钤制，不致上烦宸廑”。但咸丰帝仍不放心回京。十月初一日明谕内阁云：“本年天气渐届严寒，朕拟暂缓回銮，俟明岁再降谕旨。”

帝心怯，作此不必要之顾虑，而随扈之近臣载垣、端华辈唯希帝意，亦无所匡正，甚或危词耸听，歪曲事实以蒙蔽之，且与肃顺等进奉声色，以达固宠揽权目的。

咸丰帝体质素弱，病咯血，日饮鹿血以疗之。此次仓皇北行，状极狼狈，有司办供张不及，途中有一日未得饱食，愤恚甚。及抵泺阳，即病泄且呕血，幸至九月初渐安康。

赞襄政务八大臣

明年（1861 年）初，帝忽动返京之想，正月初二日颁谕云：“朕定二月十三日回銮”。有司赶办供张，但期前数日又病，因谕改于二日二十五日启銮，及二月二十二日又颁谕云：“旬日以来，气体稍可支持，仍须静心调摄。本日王大臣等以朕躬尚未大安，奏请暂停回銮，情词恳切，不得已勉从所请，暂缓回銮，俟秋间再降旨”。

嗣后直至七月十七日驾崩，数月间虽起居饮食甚正常，精神亦好，观剧娱乐亦无间断，然时有小恙，忽病忽痊。帝素不耐热，六月中旬病又转剧。

七月初又稍痊，十四日仍传谕，“如意洲花唱照旧”。如意洲为行在设戏台之处，所谓花唱，即粉墨登场之演戏，不化妆而仅唱曲者，宫中谓之清唱。

十五日，帝病又增，但仍兴起治事如常，如意洲花唱亦照旧。

近人吴相湘《辛酉政变纪要》一文，据清宫旧档云：

翌日，（十六日）烟波致爽（行在宫殿）早膳，传鸭丁粳米饭，又传午膳用羊肉片白菜、炒豆腐、羊肉丝炒豆芽等，可见胃口尚佳，但已不耐烦嚣，故传谕“如意洲承应戏不必了”。未正，烟波致爽晚膳后忽晕厥，嘱诸侍臣缓散值，至晚苏转。

十七日子时三刻神情清楚，乃再召见御前诸臣，遂传谕：“立皇长子载淳为皇太子”。（载淳为慈禧所生，即后之同治帝。）又谕：“皇长子载淳现为皇太子，著派载垣、端华、景寿、肃顺（御前大臣）、穆荫（兵部尚书）、匡源（吏部左侍郎）、杜翰（吏部右侍郎）、焦佑瀛（太仆寺少卿），尽心辅弼、赞襄一切政务，特谕。”

随侍诸臣聆悉后，当请帝用朱笔手书，以昭慎重。但帝腕力已弱，不能握管，遂谕，“著写来述旨”，故遗诏中有“承写”字样。

寅初，膳房仍“伺候上传冰糖煨燕窝”，但未及用，卯时即崩，就御医恭记脉案，知帝实患虚痨以致命，享年三十岁，在位十一年。

吴相湘教授《辛酉政变纪要》一文，长数万言，搜剔故宫遗档，所言不仅核实，且细腻多致，下文尚多引据，不另注明出处。萧一山《清代通史》述此事，亦多引据其文。

《宫中敬事房遗档》，记咸丰帝崩后一二日间情况云：

十七日卯时，大行皇帝在烟波致爽殿内宾天。供奉漱口水一份，用金盖子一件，花渣斗一件，青龙盅一件，红字盖碗一件。敬事房传各处摘缨子。随传自今日起，皇后写皇太后，皇太子写皇上。随递领孝衣人名首领太监卅一名。随在烟波致爽殿内伺候万岁爷在大行皇帝前奠酒，首领（太监）马、叶执杯鏃，首领王、太监六（人），搭金角桌一张，上安金折盂一件。奠酒毕，首领（太监）马请金折盂至殿外向上跪撂酒，行一叩礼。膳房侍候膳一桌，上安奶茶一黄瓷碗，举哀毕撤下。皇太后率琳贵太妃等至灵前奠酒，外边伺候。

又云："十八日巳初二刻，在澹泊敬诚殿内入金柜。随传各等处穿孝衣，皇上换缟素。午祭奠具系外边伺候。皇太后奠酒，内廷伺候。是日敬事房首领传本处首领马：懿贵太妃亲封为皇太后。"

此一记载，可以注意者为本章主角懿贵妃（慈禧）在第一日举哀奠酒礼中，尚不能随皇太后及琳贵太妃参加，而第二天懿贵妃始得皇太后之尊封，与皇后（慈安）之封皇太后，先后有一日之差别。另据敬事房档，咸丰帝死日，即由敬事房首领陈胜文传旨："钟粹皇后（慈安）晋封皇太后。"次日又传旨："储秀宫懿贵妃晋封皇太后。"虽两太后并崇，而不仅得封之时间有差别，名称亦微有区别，慈安钮祜禄氏称"母后皇太后"，慈禧那拉氏称"圣母皇太后"，盖援前明万历朝故事也。

嫌怨已非一日

咸丰帝临终遗命之赞襄政务八大臣，其中以肃顺最干练，亦为慈禧后此夺权斗争之主要对象，而平日肃顺与慈禧间的嫌怨亦最深。

先是，肃顺才气开朗，敢于任事，因其兄郑亲王端华之荐，渐为咸丰帝所赏识，超擢甚速，咸丰四年（1854 年）授御前侍卫，数年间调升礼部尚书，兼理藩院尚书，入值内廷，得闻机务。论治以严为尚，盖欲承帝意，起积弊于衰靡中，其表现最著者，为八年（1858 年）之科场案及九年（1859 年）之户部案。郭嵩焘论曰："今一切以为宽，而以严治之，究所举发者，仍然例文之涂饰也。于所事之利病原委，与所以救弊者，未尝讲也。"又云："向者之宽，今日之严，其为颟顸一也。"

肃顺之雷厉风行，并未收政治实效，而为当时朝臣怨谤之所集。

咸丰十年（1860 年）帝北狩热河之时，肃顺兼总内务府大臣，行宫诸务，均经监理，肃顺处事素严，除帝有宣索，则承意供奉外，其他宫眷所需，则有定规，于是后妃均起怨言。有时因一饮一食之微，妃嫔不厌所求，亦迁怒于肃顺。吴教授云：就膳食档，知九月以后，各处进呈鹿肉等食品，帝分赏，例有皇后，而常不及懿贵妃（慈禧），帝意如何，不可得知，而懿贵妃益怨内务府大臣肃顺矣。

先是，懿贵妃于咸丰六年（1856 年）诞生皇长子，帝殊喜慰。唯时局内外多艰，宵旰劳瘁，焦忧成疾，遂颇倦勤，以懿贵妃书法端腴，常命其代笔批答章奏，然胥帝口授，妃仅司朱而已。

妃渐思盗柄，时于帝前言政事，帝寝厌之，尝为皇后言妃机诈，后素宽和，殊无制裁之术。及后肃顺得帝欢，当大任，妃颇嫉之。遇事辄故与之相左，于帝前道之。

懿贵妃与肃顺之嫌怨，由来已久，非一朝一夕之事。及帝行抵热河，咯血病发，肃顺恐一旦驾崩，皇长子即位，懿贵妃将尊为皇太后，势必不利于己，因时进谗言。帝亦渐恶妃之欲专权，一日忤旨，肃顺因乘机进言，用汉武帝杀钩弋夫人故事，而帝濡需不忍。其后帝醉恚漏言，妃闻之，遂恨肃顺刺骨。

咸丰帝崩后，遗命以八王大臣赞襄政务，两宫乃召载垣、肃顺等入议诏谕疏章黜陟刑赏等手续，初肃顺主张，谕旨由大臣拟定，太后但钤印，弗得更易，章疏不呈内览，太后持不可。最后决定章疏呈览，谕旨由赞襄大臣拟进，皇太后、皇帝阅后，上用“御赏”，下用“同道堂”印章为凭信，所有一切用朱笔处，均以此代之。

民初，《东方杂志》发表涵芬楼所藏当时人在热河行宫寄递京师之密札，密札不署投书人姓名，但必出于参与机要者之手，内容牵涉人物均用隐秘密语，为通风报信之私人情报，而所言都为当时实情，为其他记载所未见，珍贵史料也。涵芬楼所藏共十余札，如第十二札有云：

> 八位共矢报效，极为和衷，大异以前局面。两印均大行所赐，母后用御赏印（印起），上用同道堂印（印讫）。凡应用朱笔者，用此代之，述旨亦均用之，以杜弊端。诸事母后颇有主见，垂帘辅政，盖兼见之。自顾命后，至今十余日，所行均惬人意。风闻两宫不甚惬洽，所争在礼节细故，似易于调停也。

此为帝崩后，最初十余日之情形。然慈禧久有野心，欲专握政柄，对于肃顺辈之承遗命，当大政，自不甘心。此十余日为大风雨前夕之宁静，政治风暴尚在酝酿之中。

相传咸丰帝甫崩，慈禧即就慈安议垂帘事，慈安初不允，慈禧因以肃顺平日抑制宫眷，挑拨感情，坚持唯有同听政，庶可免为他人鱼肉，慈安遂允以此议先谋在京之恭亲王。因以密旨付侍卫持之赴京，授慈安弟广科，令其征询恭王意见。

太后与恭王联合阵线

恭亲王名奕䜣，道光第六子，咸丰帝（行四）之弟也。咸丰帝自幼失母，就养于奕䜣生母，幼年相处，俨若同胞。两人同得父爱，道光帝生前于储位之选，颇费犹豫。按实录，立奕詝（咸丰帝）为皇太子之朱谕，与封奕䜣为恭亲王之朱谕，同储于储位缄名金匣中，此为前所未有之特例。

咸丰帝即位后，即命恭王入军机，特加恩宠。唯尝厌恭王生母，幼时溺爱于王，故仅尊号为皇太妃，王心慊甚，频以宜尊号皇太后为请，而帝不应，及后乃因此生嫌隙。咸丰五年（1855 年）太妃薨，帝虽勉尊之为太后，但灭杀其丧葬礼仪。出殡之日，即命恭王退出军机。

恭王退出军机后，久不得意。待英法联军逼京师时，传英使额尔金深恶咸丰帝之屡失信，欲乘胜更易清朝王统，而恭王岳父桂良（大学士），正与英法公使在天津议款，外人与桂良情熟，致引起恭王有凭外力篡位之谣言。然咸丰帝“北狩”之时，仍命恭王为留京议和大臣，盖君臣大义，深入人心，清室素重祖制家法，咸丰帝有绝大把握，恭王绝不至于接受英人之幻想。

和议既成，咸丰帝滞留热河，时病时愈，恭王以手足之情，奏请赴行在叩安，肃顺辈忌之，遂乘机进谗言，谓其联络外夷，挟制朝廷，恐别有图谋，帝本不喜王，闻此更不快。谕王曰：“相见徒增伤感，不必来觐。”

恭亲王于皇室地位最为优越，而又素贤明，极孚众心，与英法议和，使两国军队撤退，更有安社稷之功，声望益隆。当帝病时，京师人士均以为一旦驾崩，幼主立，恭王将如顺治故事，当摄政之任。及遗命下，竟无一字及王，肃顺等又传诏，令其仍留京师，毋庸赴行在恭理丧仪。

恭王正觖望间，热河两太后密使忽至，征询垂帘意见，自然欣然同意，适王再奏请赴行在谒梓宫，得允，遂起程，于八月初一日抵热河。

萧一山论曰：“当是时，热河与北京，实为政治上之二大中心，而两太后、八辅政、一亲王，又系鼎足三分之局。以势力论，则北京较优，以名分言，则行在为正，二者（太后与亲王）合而为一，则辅政之势孤矣。”

肃顺辈仍蒙蒙无所知。当恭王启程之日，侍郎胜保向皇太后请安之黄折，适达行在，此为前所未有之创例，盖含有试探作用，但肃顺等大权在握，挟天子名义以为号令，黄折甫上，即奉严旨诘责，据故宫档案八月初七日内阁奉上谕略云：“向来臣工无具折请皇太后安之例，胜保等具折请皇太后懿安，且与朕安同列一折，实属有违体制，并于缟素期内呈递黄折，亦属不合，胜保等均著交部议处。”

恭邸八月初一到行在，涵芬楼所藏密札第七札云：“恭邸今日大早到，适赶上殷殿礼，伏地大恸，声彻殿陛，旁人无不下泪。盖自十七以来，未闻有如此伤心者。祭后，太后召见，恭邸请与内廷偕见，不许，遂独对，约一时许方出。宫灯辈遂颇有惧心（宫灯暗指肃顺，肃字形如宫灯）。见恭未尝不肃然改容，连日颇为敛戢。”

第八札云：“元圣在此……（元圣指恭王，恭王行六，六字与元字形相近）昨见面，后以夷务为问，邸力保无事，又坚请速归。”第十札云：“元圣在此，在内见一面。……坐谈一时许，颇有所陈，并自陈不能久待苦衷。渠劝稍安，且俟进城再说云云。……元圣日内即回……归事内催甚急，元圣日内见面，拟了一套话说，必不能过迟也。”

恭王于八月初七日启程返京，十一日到达。在热河数日之间，观密札“内催甚急”及“必不能过迟”之语，慈禧大约有速取行动之意，恭王见肃顺辈势力布满行在，实难立刻措手，故有“渠劝稍安，且俟进城再说”云云。

第一个回合

恭王热河之行，京师反对肃顺辈之大臣，如大学士周祖培等窥知两宫皇太后有垂帘之意，因密为部署，嘱当时学人李慈铭，搜检历朝太后临朝史事，编撰《临朝备考录》，方欲上之，而御使董元醇请太后垂帘之疏，已达行在，时为八月初十，正恭王返抵京师之前一日。董疏有三要点：

一、“宜明降谕旨，宣示中外，使海内咸知皇上圣躬虽幼，皇太后暂时权理朝政，左右不能干预，庶人心益知敬畏，而文武臣工俱不敢稍肆其蒙蔽之术。……虽吾朝向无太后垂帘之仪，而审时度势，不得不为此通权达变之举，此所谓事贵从权也。”

二、“臣以为当更于亲王中简派一二人，令其同心辅弼一切事务，俾各尽心筹划，再求皇太后、皇上裁断施行。”

三、“至朝夕纳诲，辅翼圣德，则于大臣中择其治理素优者一二人俾充师傅之任，逐日进讲经典，以扩充圣德。”

董疏希旨而发，然恭王之密谋布置，尚未周妥，不足压制载垣等数大臣，故此疏之发，时机太早。奏上，当日即留中，此在太后或有深意，但载垣等已大愤，坚请发下痛驳。翌日（十一日）始交下，并谕“将所请垂帘暂理朝政，饬群臣会议。其请于亲王中简派一二人辅弼，开具空名谕旨候简派；并于大臣中择其可充师傅者公同保举”。

载垣等闻此旨，即抗论以为不可。退下后饬军机章京拟旨痛驳董疏。初稿尚和平，载垣等不以为然，遂由焦佑瀛执笔另拟，清缮递上，其文针对董疏三点驳斥，略云：

一、“我朝圣圣相承，向无皇太后垂帘听政之礼。朕以冲龄仰受皇考大行皇帝付托之重，御极之初，何敢更易祖宗旧制？……该御史奏请皇太后暂时权理朝政，甚属非是！”

二、“又据谓于亲王中，简派一二人令其辅弼一切事务，伏念皇考于七月十六日子时，特召载垣等八人，令其尽心辅弼，朕仰体圣心，自有深意。又何敢显违遗训，轻议增添？……该御史必欲于亲王中另行简派，是诚何心？所奏尤不可行。”

三、“至朝夕纳诲一节，皇考业经派编修李鸿藻充朕师傅，该御史请于大臣择一二人充师傅之处，亦毋庸议。”

慈禧阅后，以其与原旨相反，不允照所拟宣发，并将董疏又留中。召见载垣等八人，载垣等殊愤怒，见面与两太后大起争论。争辩二刻许，慈安太后云，“留着明天再说”。遂不欢而散。

十二日载垣等上值，未叫起，昨稿亦未发下，仅交下早事两件，载垣等负气不开视，将其压搁。日将中，太后不得已，将昨日拟旨及董疏发下，照抄宣示。据传慈禧仍坚持，经慈安转圆，始勉强发下。

涵芬楼所藏密札，述当时情况，第一札云：

> 玄宰（指董）折请明降垂帘旨……发之太早。拟旨痛驳，皆桂翁（指焦佑瀛）手笔。递上，折旨俱留。又叫，有两时许，老郑（指郑亲王）等始出，仍未带下，但觉怒甚。次早乃发下，探知是日见面大争，老杜（指杜翰）尤肆挺撞，有“若听信人言，臣不能奉诏”（之）语，太后气得手颤。发下后，怡（指怡亲王）等笑声彻远近。此事不久大变，八人断难免祸，其在回城乎？密之，密之。

第四札云：

> 千里草（董）上书，初十日未下。此处叫人上去要，仍留看，夸兰达下来说：“西边（指慈禧）留阅”。心台（指怡亲王）冷笑一声。十一日叫起，见面说，写旨下来，叫写明发痛驳。夫差拟稿尚平和，麻翁

（指焦）另作，诸君大赞。是诚何心，尤不可行等语，原底无之。遂缮真递上，良久未发下，他事皆发下，并原件亦留。另叫起，耳君（指怡亲王）怒形于色，上去见面，约一刻许下来，闻见面语颇负气，仍未发下，云留着明日再说。十二日上去，未叫起，发下早事两件，心台（指怡亲王）等不开视，决意搁车，云不定是谁来看。日将中，上不得已，将折及拟旨发下照抄，如照常办事，言笑如初，如二四（言八大臣）者，可谓浑蛋矣。……

发表袒服所藏之诏

董元醇请垂帘之疏，照八大臣所拟驳斥之旨发下，这是慈禧不得已的让步，第一回合，似乎是八大臣获了胜利，然事实的发展，正如上引密札所云，"不久大变，其在回城乎！"

八月十三日，上谕依钦天监所择日期，定十月初九日卯时，举行幼主登极颁布诏钜典。又于次日（十四）颁谕择九月二十三日辰时，恭奉大行皇帝梓宫回京。

先是，于八月初，赞襄政务王大臣载垣、肃顺等既已决定回銮，并令直隶总督文煜到行在，面询沿途桥道工程，又令拿车二百辆，于八月初十日备齐，以便妃嫔等先行陆续启程。十四日诸事均筹备就绪，遂正式公布启行日期。

十四日，钦差大臣胜保自京畿军次抵行在，叩谒梓宫。胜保暗中系受恭王邀结而来。恭王回京后，欲借武人之力以壮声威。恭王于八月初一到行在后，于夺取政权，与太后已互有谅解，回京后密采各项准备步骤，邀结胜保当为步骤之一。胜保暂为所用，此来含有对肃顺等示威意，兼为两宫壮胆。胜保在热河，行动极谨慎，未露丝毫痕迹，载垣等亦未介意，盖痛驳董疏之后，以为一切可宁贴无事矣。

九月初四日上谕，调端华补工部尚书，并授步军统领。端华奉命后即与载垣、肃顺面谒太后，自陈“差务暂较繁忙，请将管理处所恳恩酌量改派”，意在自彰勋劳。但太后即准所请，谕曰：“载垣著开銮仪卫事，端华著开步军统领缺，肃顺著开管理理藩院并向导处事务”。外示优礼，实夺兵柄。

太后又暗结醇郡王奕谖，醇王福晋，慈禧妹也，得时入宫。两太后密嘱其传语：令醇王草罪载垣等诏，备到京宣发。醇王草诏后，交其福晋携入宫，慈安藏之袒服中。

九月二十三日，命肃顺、奕谖等护送梓宫回京。两宫及幼帝遵制在大行皇帝梓宫前奠祭后，先行启节，由间道兼程返京。

二十九日未正，太后及幼帝行抵京师德胜门，留京文武官员，皆缟素跪迎道次。两太后及幼帝入城回宫，即时召见恭王密询一切。

三十日，太后又召见恭王及大学士周祖培、贾植，侍郎文祥等。贾、周因恭王讽示而所作之公疏，亦于是日递上，疏指辅政八大臣，“名为佐助，而实则主持”，“为今之计，正宜皇太后敷宫中之德化，操出治之威权，使臣工有所秉承，不居垂帘之虚名，而收听政之实效”。

胜保请太后垂帘听政并简近支亲王辅政之疏，亦于是日递到，略云：

> 载垣、端华等“今竟以之当秉政钜任，揽君国之大权，以臣仆而代纶音，挟至尊以令天下，实无以副寄托之重，而餍四海之心”。“为今之计，非皇太后亲理万机，召对群臣，无以通下情而正国体；非另简近支亲王佐理庶务，尽心匡弼，不足以振纲纪而顺人心”。

太后召见恭王时，并将在热河所草，藏于慈安袒服之谕旨，即时宣布。谕旨历数载垣、端华、肃顺等专擅之实迹，略曰："总因朕冲龄，皇太后不能深悉国事，任伊等欺蒙，能尽欺天下乎？此皆伊等辜负皇考深恩，若再事姑容，何以仰对在天之灵？又何以服天下公论？载垣、端华、肃顺著即解任，景寿、穆荫、匡源、杜翰、焦佑瀛等著退出军机处。派恭亲王会同大学士、六部、九卿、翰詹、科道，将伊等应得之罪，分别轻重，按律秉公具奏。至皇太后应如何垂帘之仪，一并会议具奏"。

早从吾言何至今日

当太后召见恭王与周祖培等人入朝待命时，载垣、端华亦到，见状，大声言曰："太后不应召见外臣！"并加拦阻，太后更怒，令恭王传旨，曰："前因载垣、端华、肃顺等三人种种跋扈不臣，朕于热河行宫，命醇郡王奕譞缮就谕旨，将载垣等三人解任，兹于本日特旨召恭亲王……乃载垣等肆言不应召见外臣，擅行拦阻，其肆无忌惮，何所底止！前旨仅予解任，实不足以蔽辜。著恭亲王……即行传旨，将载垣、端华、肃顺革去爵职拿问，交宗人府会同大学士、九卿、翰詹、科道严行议罪。"

恭王出，以此诏宣示，载垣、端华厉声曰："我辈未入，诏从何来？"恭王命擒之，复呵曰："谁敢者！"语未毕，已有侍卫数人前来褫二人冠带，拥出隆宗门，尚顾索肩舆及从人，或告已驱散矣，遂踉跄拥至宗人府幽之。

是日又有旨："著派睿亲王仁寿，醇郡王奕譞将肃顺即行拿问，押解来京。"十月初一日授恭王为议政王，并领宗人府宗令。

时肃顺护送梓宫，途次密云，逮者至，肃顺咆哮大骂，逮者以械系之，犹骂不止，又见其二妾随行，醇王等复奏上，太后大怒，因再颁谕，略曰："该革员接奉谕旨之后，咆哮狂肆，目无君上，悖逆情形，实堪发指。且该革员恭送梓宫由热河回京，辄敢私带眷属行走，尤为法纪所不容。……著即派……前往查抄，毋令稍有隐匿。"昔日慈禧于行在需索不遂，微至一饮一食之嫌怨，此仇今日亦报矣。

肃顺械至京，亦系宗人府，见载垣、端华，肃顺怒目叱之曰："若早从吾言，何至有今日！"两人曰："事已至此，复何言？"岂肃顺早有去慈禧之计，未得载垣之合作耶？

诸大臣会议载垣、端华、肃顺三人罪名，原拟为应照大逆不道律，凌迟处死。十月初六日上谕："量从末减，姑于万无可贷之中，免其肆市。载垣、端华均著加恩赐令自尽，即派肃亲王华丰、刑部尚书绵森迅即前往宗人府传旨令其自尽，此为国体起见，非朕之有私于载垣、端华也。至肃顺之悖逆狂谬，较载垣等尤甚，亟应凌迟处死，以申国法而快人心。惟朕心究有所不忍，肃顺著加恩改为斩立决，即派睿亲王仁寿，刑部右侍郎载龄前往监视行刑，以为大逆不道者之戒！"

是日，载垣、端华自缢死，肃顺亦弃市。前人笔记云："肃顺以科场、户部两案，受害者甚多。都人士闻将杀肃顺，交口称快，其怨家皆驾车载酒，驰赴西市观之。肃顺身肥面白，以大丧故，白袍布靴，反接置牛车上。过骡马市大街，儿童欢呼曰：肃顺亦有今日乎！或拾瓦砾泥土掷之，顷之，面目遂模糊不可辨。将行刑，肃顺肆口大骂，其悖逆之声，皆为人臣子者所不忍闻。又不肯跪，刽子手以大铁柄敲之乃跪，盖两胫已折矣。遂斩之。"（《清宫遗闻》）

至于与肃顺同受赞襄辅政遗命之景寿、匡源、杜翰、焦佑瀛、穆荫，亦有上谕予以处分。谕云："景寿身为国戚，缄默不言，穆荫、匡源、杜翰、焦佑瀛，于载垣等窃夺政柄，不能力争，均属辜恩溺职。穆荫在军机大臣上行走最久，班次在前，情节尤重。该王大臣等请将景寿、穆荫、匡源、杜翰、焦佑瀛，革职发往新疆，效力赎罪，均属罪有应得。唯以载垣等凶焰方张，受其钳制，均有难于争衡之势，其不能振作，尚有可原。御前大臣景寿，著即革职，加恩仍留公爵并额驸品级，免其发遣。兵部尚书穆荫即革职，加恩改为发往军台，效力赎罪。吏部左侍郎匡源、署礼部右侍郎杜翰、太仆寺卿焦佑瀛，均著即行革职，加恩免其发遣。"

思有以感悟之

这一场夺权斗争，慈禧是胜利了。她与慈安太后于咸丰帝甫崩数日间，虽以礼节细故，微有所争，但在密谋与肃顺等斗争，两人站在一条阵线，合作无间。这里略谈慈安与慈禧的关系，以作本章的结束。

慈安钮祜禄氏，于咸丰二年（1852 年）正位中宫，她比慈禧小一岁，夫死时，慈禧二十八岁，慈安仅二十七岁。垂帘以后，一般论评，薛福成《庸庵笔记》以为："当时天下称东宫（慈安）优于德，而大诛赏大举错实主之；西宫（慈禧）优于才，而判阅奏章，裁决庶务，及召对时谘访利弊，悉中核要。东宫见大臣呐呐如无语者，每有奏牍，必西宫为诵而讲之"。

庸庵为清臣，文字自需十分含蓄，不能爽直褒贬，大约慈安秉性老实，忠厚谦退，不如慈禧之机变弄权，所谓两宫垂帘，实则慈禧一人掌政而已。

相传咸丰帝在热河，临危之际，密授朱谕一纸与慈安，谓"某（指慈禧）如恃子为帝，骄纵不法，卿即可按祖宗家法治之"。慈安密藏之。

迄光绪朝，两太后既再垂帘听政，慈禧更纵恣无度，时慈安益倦怠，不多预闻政事。光绪七年（1881 年）慈禧忽患疾甚剧，征集中外名医治之，皆无效。其病为流产后血崩，诸医讳忌，不敢明白作此诊断，唯有一医，所投药剂皆产后疏沦补养之品，故奏效如神。

慈禧病愈，慈安知其多失德，思有以感悟之。一夕，置酒宫中，为慈禧病愈庆。

酒既半，慈安屏去左右，殷勤追述咸丰时“北狩”木兰，猝遭大故，肃顺擅权，宫中颠沛艰危之状，及同治时同临朝十余年事，欷歔零涕久之，慈禧亦悲不自胜。

慈安忽慨然曰：“吾姊妹今皆老矣，旦夕当归天上，仍侍先帝。吾二人相处二十余年，幸同心，无一语勃谿。第有一物，乃畴昔受之先帝者，今无所用之矣。然恐一旦不讳，失检藏，或为他人所得，且致疑吾二人貌和好而阴妒嫉者，则非特吾二人之遗憾，抑且大负先帝意矣。”

语次，袖出一函，授慈禧，使观之。慈禧启视，色顿变，渐不可抑。函非他，即咸丰帝在热河所付密谕也。

观毕，慈安仍索还，焚于烛上，曰：“此纸已无用，焚之大佳，吾今日亦可复命先帝矣。”

是时，慈禧惭愤交并，强为感泣状，慈安百计慰藉之，遂罢酒而散。

越数日，慈安偶因事至慈禧宫，慈禧执礼甚恭，非复曩时之骄纵，慈安阴自喜，以为前日之所为，果有效也。岂知别有意在。二人坐谈时，慈安觉腹中微饥，慈禧令侍者奉饼饵一合进，慈安食而甘之，谓似非御膳房物。慈禧曰：“此吾弟妇所馈者，姊喜此，明日当令其再送一份来。”慈安方逊谢辞，慈禧曰：“妹家即姊家，请弗以谢字言。”

后一二日，果有饼饵数合进，色味花式，悉如前。慈安取一二枚食之，顿觉不适，然亦无大苦。至戌刻，遽逝矣。年四十有五。

是日晨，慈安尚临朝，召见军机，容貌和怡无疾色。及内廷忽传慈安崩，命枢府诸人速进。抵宫，见慈安已小殓，而慈禧坐矮凳，言“东后向无病，日来未见动静，何忽暴变如此!”诸臣仰慰顿首，出议丧事。曩时清宫后妃薨，即传戚属入内瞻视后小殓，慈安薨，椒房无预其事者。

此一故事，前人笔记述之者甚多，观慈禧个性，非事理之不可无。宫闱事秘，不能征核之流言，往往多于事实，书之以广异闻耳。

第八章　春花秋月

今朝好向郎边去

“春花秋月何时了”，此南唐李后主（煜）国亡归宋后，怀念故国所作《虞美人》词开端的一句。往事不堪回首，凄怨哀感，抑郁牢骚，此词遂成千古绝唱。

后主的艺术天才及其继室小周后国亡后受辱的故事，已于本书前编，分别在“书画音乐”及“蒙尘屈辱”两章中分别有所谈说，本章在避免重复的先决条件下，以后主的婚姻与爱情生活为中心，再一谈此帝王而为千古不朽词人的故事。因春花秋月，是最宜于谈情言爱的景色，借用为本章标题，虽未必为《虞美人》词之原意，也许不妨断章取义吧？

清画家周兼，工仕女，衣纹清古，设色淡雅，尝作《南唐小周后提鞋图》，画的是后主与小周后在没有正式结缡前偷情密爱的一个镜头。此图今仅见文字记载，是否尚在人间，已不可得知。

后主有《菩萨蛮》词，咏他和小周的风流韵事，图即据词意而写，词云：

花明月黯笼轻雾，今朝好向郎边去。衩袜步香阶，手提金缕鞋。画堂南畔见，一晌偎人颤。奴为出来难，教君恣意怜。

偷偷摸摸，因恐被人听见，手中提鞋，衩袜移步，在花明月黯之夕，到画堂与情郎幽会，故图名“提鞋”。“偎人颤”三字，把紧张心跳的情况，体贴入微，刻画净尽。

后主另一词，亦《调寄菩萨蛮》，据传，写小周昼寝，他潜入闺中情景。词云：

蓬莱院闭天台女，画堂昼寝人无语。抛枕翠云光，绣衣闻异香。潜来珠锁动，惊觉银屏梦。慢脸笑盈盈，相看无限情。

两词温馨旖旎，后主的风流，小周的痴情，跃然纸上，用笔平易率直，而意味无穷。后主是亡国之君，在政治上一无可取，而倚声填词，虽属小技，却不愧南面千古。昔人评此两词曰：“情真景真，与空中语自别。”

后主与小周恋爱，史书记之，为无可置疑的事实。后主词，传于后世者五十余首，历代版本，次第凌乱，治史或诠释者不能考其写作年月，仅就所咏内容，酌定先后。此两阕《菩萨蛮》是否确为小周而作，前人均未提出确凿佐证，然自内容判断，有迹可寻，历来均认舍小周莫属，岂如昔日老吏断狱，所谓“事出有因，查无实据”吧？

后主别有《菩萨蛮》一阕，写少女演奏管乐时的娇媚情态，论者亦以为咏小周之作，云：

铜簧韵脆锵寒竹，新声慢奏移纤玉。眼色暗相钩，秋波横欲流。雨云深绣户，来便谐衷素。宴罢又成空，梦迷春睡中。

其姊昭惠精音律，小周娴乐器，受姊熏陶，当在情理之中。其器铜簧竹管，非箫非笛，其为笙乎？

别有《捣练子》一阕，写少女在恋爱中娇愁善感的情怀，疑亦为小周而作，词云：

> 云鬓乱，晚妆残，带恨眉儿远岫攒。斜托香腮春笋嫩，为谁和泪倚阑干？

清朝贺裳《皱水轩词荃》，谓后主《捣练子》二篇，众刻无异，尝见一旧本，则俱系《鹧鸪天》，二词之前，各多半阕。此篇遗上半阕云："节候虽佳景渐阑，吴绫已暖越裳寒。朱扉日暮随风掩，一树藤花独自看。"下换头，接云鬓乱五句。贺云："增前四语，觉神采加倍。"

小周是后主元配周娥皇之妹，娥皇死后，谥昭惠后，而小周之名已不可考。姊妹两人，为广陵人司徒周宗之女。后主与昭惠结婚是在南唐元宗十二年（954 年），时年十八岁，昭惠比后主长一岁，她是才貌双绝的女子，与后主共度了十年甜蜜的婚后生活，病死于宋太祖乾德二年（964 年），隔了四年，正式立小周为后。小周比她姊姊小好多岁，美慧不逊其姊，自幼出入宫掖，很得后主之母圣尊后钟氏的喜爱。昭惠病时，始与后主恋爱，马令《南唐书·继室周后传》云：

> 后主继室周后，昭惠之母弟也。警敏有才思，神采端静。昭惠感疾，后尝出入卧内，而昭惠未之知也。一日，因立帐前，昭惠惊曰："妹在此耶？"后幼未识嫌疑，即以实告曰："既数日矣"。昭惠恶之，返卧不复顾。

向人微露丁香颗

后主与元配昭惠情爱亦笃，昭惠死后，后主伤悼至为沉痛，有若干缠绵悱恻的诗、文、词流传到后世。所撰诔词，把昭惠的仪德才艺，描写得很细腻。

言其美，曰："纤秾挺秀，婉娈开扬。艳不至冶，慧或无伤。"又云："含颦发笑，擢秀腾芳。鬓云留鉴，眼彩飞光。情澜春媚，爱语风香。"写其仪容，更云："烟轻丽服，雪莹修容。纤眉范月，高髻凌风"。

昭惠丰才多艺，尤擅音乐歌舞，诔词云："歌萦柔调，奇器传华。翠虬一举，红袖飞花。……发扬掩抑，纤紧洪奢。穷幽极致，莫得微瑕。审音者抑止，达乐者兴嗟。"

后主有小令《一斛珠》一阕，近人蒋励材作《李后主词传》，以为是写昭惠初婚在宫闱中歌唱的娇憨情态，此词亦见宋欧阳修《醉翁琴趣外篇》。《尊前集》则作后主词，当以后主为是，唯所咏对象，是否昭惠，亦属查无实据的明智臆测，姑从蒋说引之，词云：

> 晚妆初过，沉檀轻注些儿个。向人微露丁香颗，一曲清歌，暂引樱桃破。罗袖裛残殷色可。杯深旋被香醪碗，绣床斜凭娇无那，烂嚼红茸笑向檀郎吐。

昭惠的音乐才艺，不限于歌唱或乐具演奏，且能作曲。毛先舒《南唐拾遗记》云："昭惠后善音律，能为小词，其所用笔曰点青螺。"陆游《南唐书》云："昭惠后好音律，时得新声。"马令《南唐书》亦载："后主常演念家山旧曲，后复作《邀醉舞》、《恨来迟》新破，皆行于时。"

陆游《南唐书》并记有一个颇富风趣的小故事，说她"尝雪夜酣燕，举杯请后主起舞。后主曰：'汝能创为新声则可矣。'后即命笺缀谱，喉无滞音，笔无停思，俄顷谱成，所谓《邀醉舞破》也。又有《恨来迟破》，亦后所制"。

唐开元、天宝间著名的《霓裳曲》，时已失传，后主命昭惠就残缺旧谱，重写新声，诔词有云："霓裳旧曲，韬音沦世。失味齐音，犹伤孔氏。故国遗声，忍乎湮坠？我稽其美，尔扬其秘。程度余律，重新雅制。非子而谁，诚我有类。"

清顾怀三《补〈五代史·艺文志〉》谓："霓裳谱一卷，南唐后主周后撰。"惜书已不传。

后主的生活，极富艺术意味，而且豪华富丽，尽奢靡享乐的极致。其父元宗于中兴元年（958 年）奉周正朔，无帝号。后主婚后，到宋建隆二年（961 年）元祖殂，嗣位金陵，遣使如宋，奉朔称号，悉遵周制。南唐国势，早已衰微，不过偏安苟存的宋朝附庸弱小而已。

然而后主与昭惠，始终沉湎于纸醉金迷的生活中，我们在这里可以旁及他们的奢靡情况。后主曾赋《浣溪沙》一阕，写宫中的狂欢醉舞，词云：

红日已高三丈透，金炉次第添香兽，红锦地衣随步皱。佳人舞点金钗溜，酒恶时捻花蕊嗅，别殿遥闻箫鼓奏。

昔人所焚香料，抟作兽形，故名香兽，放入炉中焚之，香烟霭霭，氤氲满室。南唐宫中所用香料，甚讲究。洪刍《香谱》云："江南李主帐中香法，用丁香、馢香、沉香、檀香、麝香各一两，甲香三两，细挫，加以鹅梨十枚，研取汁于银器内盛却，蒸三次，梨汁干即用之。"

陶穀《清异录》云："李煜居长秋，周氏居柔仪殿，有主香宫女。其焚香之器，曰把子莲、三云凤、折腰狮子、小三神山、卍字、金凤口、罂玉，太古容华鼎，凡数十种，皆金玉为之。"

后主爱花，《清异录》云："每春盛时，梁栋窗壁，柱拱阶砌，并作隔筒，密插杂花，榜曰：锦洞天。"又云："庐山僧舍有麝囊花一蔟，色正紫，类丁香，号紫风波。江南诏取数十根，植于移风殿，赐名蓬莱紫。"

《五国故事》云："煜有慧性而尚奢侈。常于宫中以销金红罗幂其壁，以白银钉玳瑁而押之。又以绿钿刷隔眼，糊以红罗，种梅花于其外。又于花间设采画小木亭子，才容二座，煜与爱姬周氏对酌于其中，如是数处。"

晚妆初了明肌雪

后主另一词，《调寄玉楼春》，云：

> 晚妆初了明肌雪，春殿嫔娥鱼贯列。凤箫吹断水云间，重按霓裳歌偏彻。临春谁更飘香屑，醉拍阑干情味切。归时休照烛花红，待放马蹄清夜月。

嫔娥们晚妆初罢，鱼贯上殿，配合音乐，婆娑起舞，而《霓裳曲》，正是昭惠的"重新雅制"。

这里所谓飘香屑用一"飘"字，则香料不仅用于焚烧，且挫成粉屑飘洒，亦如今日结婚典礼之用五色纸屑向新娘飘洒乎？

南唐宫嫔且有别出心裁的衣饰和化妆。陆游《南唐书》云："（昭惠后）宠嬖专房，创为高髻纤裳及首翘鬓朵之妆，人皆效之。"《清异录》云："江南晚季，建阳进茶油花子，大小形制各别，极可爱。宫嫔缕金于面，背以淡妆，以此花饼施于额上，时号北宛妆。"又《宋史》载："煜妓妾尝染碧，经夕未收，会露下，其色愈鲜明。煜爱之，自是宫中竞收露水染碧以衣之，谓之天水碧。"

昔时妇女，足以纤小为美，然人工加以裹缠，据传始自后主宫中，南宋周密《浩然斋雅谈》，引《道山新闻》云："李后主宫嫔窅娘，纤丽善舞。后主作金莲，高六尺，饰以宝物，细带缨络，莲中作五色瑞云，命窅娘以帛裹足，令纤小，屈上作新月状。素袜舞花中，回旋有凌波之态。唐镐诗曰：‘莲中花更好，云裹月常新。’人皆效之。”后世形容女子足美，谓之三寸金莲，典即出此。

后主的豪侈，宋代王铚《默记》有故事云：“小说载，江南大将获李后主宠姬，夜见灯，辄闭目，云：烟气。易以蜡烛，亦闭目，云：烟气愈甚。曰：然则宫中未尝点烛耶？云：宫中本阁，每至夜则悬大宝珠，光照一室，如日中也。”

我国传说，珠能发光，今日里巷细民类能言之，所谓夜明珠是也。然究非物理之可能，上一故事，想象成分较多，姑妄言之，亦姑妄听之。

又，宋田况《儒林公议》云：“马亮尚书典金陵，于牙城艮隅，掘地得汞数百斤，鬻之以备供帐。其地乃伪国（南唐）德昌宫遗址，此铅华之灰积也。李氏区区，偏据江南之地，而淫色奢纵如此，欲其国祚之永长，其可得乎?”《方舆胜览》亦云：“本朝修李氏宫，掘地得水银数十斛，宫娥弃粉腻所积也。”

夜长人奈何

后主与昭惠为伉俪，先后仅十年，享尽了人间富贵风流，在昭惠逝世以前，卧病期间，他俩的爱子仲宣因意外而夭亡，仅早昭惠死期一个月。

仲宣为后主幼子，释文莹《玉壶清话》云：“后主煜幼子，宣城郡公仲宣，周后所生。敏慧特异，眉目神采若图画，三岁能诵《孝经》及古杂文。煜置膝上，授之以数万言。闻作乐，尽别其节。”

宋乾德二年（964年）十月间，“仲宣裁四岁。一日，戏佛像前，有大琉璃灯为猫触堕地，划然有声，仲宣因惊得痫疾”（吴任臣《十国春秋》）。后数日即死，病中的昭惠受不住此一打击，于十一月初二日亦溘然长逝。

马令《南唐书·昭惠后传》云：“后生三子皆秀嶷，其季仲宣，僄宁清峻，后尤钟爱，自鞠视之。后既病，仲宣甫四岁，保育于别院，忽遘暴疾，数日卒。后闻之，哀号颠仆，遂致大渐。后主朝夕视，食、药非亲尝不进，衣不解带者累夕。后病虽亟，爽迈如常。谓后主曰：婢子多幸，托质君门，冒宠乘华，凡十载矣。女子之荣，莫过于此。所不足者，子殇身没，无以报德。遂以元宗所赐琵琶及约臂玉环，亲遗后主。又自为书请薄葬。越三日，沐浴正衣妆，自内含玉，殂于瑶光殿之西室。”

子殇妻殁，后主的哀伤，当可想见。《十国春秋》云：“后主哀苦伤神，扶杖而起。自制诔，刻之石，与后所爱金屑檀槽琵琶同葬。又作书燔之，自称鳏夫煜。其辞数千言，皆极酸楚。”

诔文于篇首已略引述，最后一段，尤沉痛，略云：“岁云暮兮，无相见期。情瞀乱兮，谁将因依？……神之不仁兮，敛怨为德。既取我子兮，又毁我室。……天漫漫兮愁云曀，空暧暧兮愁烟起。娥眉寂寞兮闭佳城，哀寝悲氛兮竟徒尔。”又云：“木交枸兮风索索，鸟相鸣兮飞翼翼。吊孤影兮孰我哀，私自怜兮痛无极。……夜寤皆感兮，何响不哀？穷求弗获兮，此心隳摧。号无声兮何续，神永逝兮长乖。”

后主所作《长相思》及《采桑子》，据说也可能为悼念昭惠之作。

《长相思》云：

云一緺，玉一梭，澹澹衫儿薄薄罗，轻颦双黛螺。秋风多，雨相和，帘外芭蕉三两棵，夜长人奈何！

《采桑子》云：

庭前春逐红英尽，舞态徘徊。细雨霏微，不放双眉时暂开。绿窗冷静芳音断，香印成灰。可奈情怀，欲睡朦胧入梦来。

昭惠死后，隔了四年，宋开宝元年（968 年）九月，立其妹小周为后。夕阳虽好，已近黄昏，仅隔了大约七个年头，开宝八年（975 年）十一月，宋师陷金陵，后主和小周，双双被俘北去。归汴后“天天以眼泪洗面”的亡国生活，本书前编已有陈说，此处不赘。

蒋励材所辑《后主词校注》，以本章开端所涉及的《虞美人》一词，殿于最后，昔人评此词曰：“吐露心中万斛愁恨，令人不堪卒读。”我们也不妨录其全阕，以作结束：

春花秋月何时了？往事知多少。小楼昨夜又东风，故国不堪回首月明中。雕阑玉砌应犹在，只是朱颜改。问君能有几多愁，恰似一江春水向东流。

第九章　蒙古秘史

苍狼与牝鹿

塞外游牧民族，草昧之初，对于他们氏族之由来，往往有鄙俚怪诞，不可思议的传说。入主中原的清爱新觉罗氏，即传说其始祖为天女吞食朱果，受孕而生。

其说略谓，有天女姊妹三人，生于东北海滨的长白山下，长名恩古伦，次名正古伦，幼名佛库伦。一日，三女在山下河中洗浴，头顶飞来三只灵鹊，其中一鹊，吐下一颗朱果，佛库伦接了吞下，就此怀孕，十月后产下一男，名之曰布库里雍顺。到了十多岁，状貌魁梧，颖悟不凡，自念有母无父，当属何族，询其母佛库伦，母告以“爱新觉罗”，子孙即以爱新觉罗为氏。

布库里雍顺传若干代后，有子孙名福满，福满生六子，第四子觉昌安，清室称帝后，尊福满为兴祖，觉昌安为景祖。

无夫吞朱果而孕，这种传说，荒诞不足为信。只因子孙称皇称帝，构造无稽传说，表彰自己氏族来源的不凡，有如中国帝王登基之后，托之符端，以为天命所归，是个“正命天子”。

入主中原的蒙古人，其始祖的来源，据汉文旧译的《元朝秘史》，其说更荒唐，曰：

> 当初元朝人的祖，是天生一个苍色的狼，与一个惨白色的鹿相配了。同渡过腾吉思名字的水，来到斡难名字的河源头，不儿罕名字的山前住，产了一个人，名字唤作巴塔赤罕。

巴塔赤罕据说是元朝开国帝皇铁木真（太祖）成吉思汗的二十五世祖。

狼和鹿交配生人，这当然是荒唐得不可思议的。达尔文物种原始，说人类由动物进化而来，那是经过亿万年的渐变，这种骤变或突变，恐连达尔文也会斥之为无稽笑谈。

《新元史》对此有所纠正，谓蒙古帝系，表其国姓曰：乞颜特·孛儿只斤氏，“乞颜之后，有孛尔帖·赤那，译义为苍狼，其妻曰豁埃·马兰勒，译为惨白牝鹿，皆取物为名。世俗附会，乃谓狼妻牝鹿，诬莫甚矣”。

姚从吾与札奇斯钦两位教授近年新译的《蒙古秘史》（《台湾大学文史哲学报》第9、10、11期），即《元朝秘史》，第一节云：

> 成吉思可汗的祖先，是出自上天眷佑的孛儿帖·赤那（意即苍色的狼），他的妻子豁埃·马兰勒（意即乳白色的鹿）。他们渡过大海远来，在斡难河的源头，不儿罕山扎营盘住下，生了巴塔赤罕。

人类以动物为名，至今尚有这种习惯，如名“虎”、“龙”、“狮”、“麒麟”等等，原始初民，可能更普遍。姚氏并作注释云：“一、狼、鹿是草原初民社会的两个图腾。巴塔赤罕是由一个狼图腾的男子与一个鹿图腾的女子配合而生。二、狼鹿生人，也与中原古史传说相似，如嫄嫄履大人迹而后生后稷，《史记》与《汉书·高帝本纪》所说，刘媪在大泽与神遇而生高帝等。旧译认为狼鹿生人，正可表示不平凡，因此而有以上的误译。"

笔者虽不懂蒙古语，但可以断定此说是入情合理的。

旧译《元朝秘史》的《蒙古秘史》，旧亦称《元秘史》，蒙音原名为"忙豁仑·纽察·脱察安"，据熟悉蒙语的学者，以为其义应为《蒙古秘史》，故姚教授新译改此名称。

这是记述元太祖以前，以及太祖、太宗（窝阔台汗）两代史事，而以太祖最详，太宗朝仅附带甚少的篇幅。元为塞外民族，做了中原皇帝，在入主中原以前，治史者找不到很多的历史记载，这《蒙古秘史》就成了珍贵资料。清钱大昕云："元太祖，创业之主也，而史述其事最疏舛，惟秘史叙次，颇得其实。而其文俚鄙，未经词人译润，故知之者鲜，良可惜也。"

然而"知之者鲜"一语，也许在钱氏所处的乾隆时代是如此，在今日看来，知之者甚多，且已成治元史者的必需资料。清同、光间，研究元史之风甚盛，若洪钧、文廷式、沈曾植、李文田等，都是有功于元史考证的学者，《元秘史》的版本自明《永乐大典》本而后，不胜枚举，而注释者亦不在少数。并且到今为止，此书已有德、法、英、日、波斯、俄等外国文字的译本。

《秘史》——法不得传于外

本章拟就《蒙古秘史》所纪，摘取元太祖及太祖以前若干较有趣味的故事，在谈故事之前，先一述此书的来历和渊源。

《秘史》最后一节云：

> 大聚会正在开会的时候，鼠儿年七月，在客鲁伦河的阔额·阿剌勒地面，七孤山，与失勒斤扯克山，两山中间，众宫帐留驻的时候，写

毕了。

鼠儿年，究竟是那一年，颇多异说。姚从吾注曰："这里的鼠儿年，究为哪一年，《秘史》此节说得也不够详细。普遍认为在元太宗检讨即位以来功罪之后，应当就是他死前的一年，庚子，即公元 1240 年。"

上文所说"宫帐"，蒙音为"斡鲁朵思"，据前人释，本义为亭，或帐殿，又为宫卫之名，犹汉语行宫也。此书是扈随可汗驾前的近臣所写，宛如为中国帝王写实录或起居注的史臣，而《秘史》之为蒙古的国史，了无可疑。

此书最早编在明《永乐大典》中，是汉文与蒙文对照本。然史家考定，最初是用"委兀儿"文字所写。委兀儿，即唐之回纥，今日称之为维吾尔。后来再从委兀儿文译成蒙文。

蒙古在原始时代，处在穷荒大漠，原无文字。到太祖灭回族"乃蛮"后，始用委兀儿文字记蒙古语。元太祖四年（1203 年）委兀儿国主降于蒙古，此后委兀儿学者仕于蒙古者甚多，于是委兀儿文字，成为蒙古国书。

蒙古文字的颁行，在元世祖（忽必烈）六年（1269 年），《新元史·世祖本纪》云："六年二月乙丑，颁新制蒙古字于天下。诏曰：朕惟字以书言，言以纪事，此古今之通制也。我国家创业北方，政尚简古，未遑制作，凡文书皆用汉字及畏兀字，以达本朝之言。今文治寝兴，而字书方阙，其于一代制度，实有未备，特命国师八思巴创为蒙古新字，译为一切文字，期以顺事达言而已。"

《秘史》完成于鼠儿年，太宗十二年（1240 年），前已言之，其时蒙古字尚未颁定，自然是用畏兀文字所写，而执笔者可能是降于蒙古的畏兀学者。颁定蒙文后，这记载列祖列宗事实的国史，亦必转写成蒙文的本子。蒙文是以畏兀文为基础，增损而成，并没有很大差别。日本学者那珂通世云："借高昌（秃兀古地名）书以制蒙古字云者，借畏兀儿字稍加增损而已，非别作蒙古字也。故元史不称蒙古字，而称畏吾（即委兀）字。又畏吾得直称为国书者，因畏吾字即蒙古字也。”

所谓《秘史》，义即为宫廷庋藏的秘密国史，所以此书在元代定鼎中原之后，并没有公开发行，也没有译成汉文。推想其故，《秘史》所记，既为草昧初期的实事，而游牧民族的习俗，尤其男女关系，以中国礼教言，很多是干名犯义，或且有欠光荣堂皇。当时你征我战，往往把妇女视为战利品，抢来夺去，不足为奇。如太祖成吉思汗之妻孛儿帖曾被蔑儿乞惕人抢去辱污，后虽夺回，而太祖长子拙赤(《元史》作术赤)，却是蔑儿乞惕人下的种子，诸如此类的事情岂便公开？

到元明宗时，有人提议修祖宗实录，《元史·虞集传》云：“明宗时，以累朝故事，有未备者，请以翰林国史院修祖宗实录，以百司所具事实参订。翰林院臣言于帝曰：实录，法不得传于外，则事实亦不当示人。又请以国书脱必赤颜（国史）增修太祖以来事实，承旨塔失海牙曰，脱必赤颜，非可令外人见者。遂皆已。”

《秘史》以事实不当示人，故元代并不公开发行。然其一部分资料，以不当示人的事实，加以隐讳，另行编纂，自元代流传到后世的则有《圣武亲征录》、《圣武开天记》等，所用书名也是十分冠冕堂皇，无愧皇家气派了。

《秘史》之汉译，始于明太祖洪武十五年（1382 年）。清丁谦《元秘史·凡例》云：“明初修史诸公，不见此书，则亦有故。以此书至洪武十五年，始由内府发出，命人翻译，知前此尚无传本也。”

同年，明太祖曾命翰林侍讲火原洁与编修马懿亦黑等编华夷译语。两人都是通畏兀及蒙古语文之人。故《秘史》译事，很可能也命这批人执笔。

阿兰娘娘折箭训子

游牧时期的蒙古人，劫夺妇女为妻室，并不为奇。直到若干部族拥护铁木真为可汗，效忠者之中的阿勒坛，忽察儿和撒察别乞还对铁木真这样说：

> 大家请你做可汗。铁木真你若做可汗啊，大敌当前，我们愿做先锋冲上去。掳得颜色好的美女子、贵妇人、宫室、房舍，送给你。把外邦百姓中，聪明美丽的可敦（后妃），臀部丰满的骏马，俘虏来，点数着献给你。”（姚译《蒙古秘史》第 123 节。以下引《秘史》者，均采姚译，不另注明。）

元朝皇室的远祖朵奔·蔑儿干（蔑儿干义为善射者），他的夫人阿兰娘娘，在元朝历史上极为著名，名阿兰·豁阿（豁阿义为美人）。其婚姻虽非抢夺，然以偶然的机缘，朵奔得了阿兰，经过也十分怪异。《秘史》第五至第九节记其事。

阿兰的父亲是某一部族的部长，正在举族迁徙途中，那一天，朵奔·蔑儿干恰好和他哥哥都蛙·锁豁儿一同上不儿罕山，走到山顶，他遥见一群百姓正沿着统格黎小河挪动前进。因说：“那些百姓中，一辆黑篷车的前面，有一个好看的女子，若是不曾嫁人啊，就索来给你朵奔·蔑儿干做媳妇。”且教朵奔·蔑儿干下山去看一看。

朵奔·蔑儿干去到那些百姓群里一看，果真有一个美丽好看、大有名气的女子，名叫阿兰·豁阿，而且还没有嫁人。双方交涉之后，阿兰即嫁给了朵奔为妻。

阿兰嫁后，与朵奔生了两个儿子，一名不古讷台，另一名别勒古讷台。

朵奔不久死了，阿兰寡居，虽无丈夫，却又生了三个儿子，一个名不忽·合塔吉，一个名叫不合秃·撒勒只，一个名叫孛端察儿·蒙合黑。

“蒙合黑”义为傻子，故又叫傻子孛端察儿，成吉思汗之族，即来自孛端察儿的一系，《元史·太祖本纪》中所说元朝始祖孛端义儿，即其人。

母亲无夫生子，老二别勒古讷台，就和哥哥不古讷台在母亲背后有了议论：“咱们这位母亲，既没有兄弟一辈的亲人，又没有了丈夫，但又生三个儿子。家里独有马阿里黑·伯牙兀歹这个人，这三个儿子莫非是他生的。”

母亲觉察了他们的怀疑，春季有一天，她煮了些腊羊肉，叫五个儿子坐成一排来吃肉。吃完了，每人给了一支箭杆，说：“把它折断”。五人不很费力的把各人手中的箭折断，丢在地上。母亲又把五支箭捆在一起，交给他们说：“折断这个”。五人把五支捆在一起的箭杆，轮流用力折，但谁都没有折断。

于是母亲说：

> 别勒古讷台、不古讷台，我的两个儿子啊，你们疑惑并议论我生的三个儿子，是什么人的儿子？你们疑惑的也是。你们尚不知道呢，每天夜里有一位金色神人，借着天窗和门额上的天光，进入帐内，抚摸我的肚皮，光明渗透了我的腹中。出去的时候，借着日月的光，俨若黄狗一般，冉冉升腾飘着出去。你们休要造次乱说。这样看来，显然是上天的子息，不可比作凡夫俗子。久后他们做了万民的可汗，到那时，黑骨头的凡人，才能理会呢？

蒙古以白色为圣洁，故称平民为黑骨头，却和中原地区古代称人民为“黔首”，成了巧合。

阿兰娘娘接着又说道：“你们五个儿子，都是我一个肚皮里出来的。你们五人恰如方才的五支箭杆一般，如果一一孤立，无论那一支，无论什么人，都是容易折断的，如果像那一捆箭杆一样，同心一体，谁也不会奈何你们。”

阿兰娘娘折箭训子，姚从吾教授说：富有垂训的意义，然据他考证，实由来已久。他说：“实在说起来，折箭训子是我国东北游牧民族，在历史上的一种美谈，起源应当甚早。不但不始于阿兰娘娘，更不创始于蒙古民族。此一富有历史性的游牧社会训子的故事，首见《魏书·吐谷浑传》。”姚氏引《魏书》鲜卑吐谷浑酋长阿豺临死折箭训其子弟的故事，其用意也借折箭喻团结，阿豺所说的话，大体无异于阿兰之训。

抢来已婚之妇

成吉思汗（太祖）的母亲诃额仑太后（即《元史·太祖纪》的宣懿月伦太后），是他父亲也速该从别族抢来的已婚之妇，《秘史》第五十四至五十六节记其事，略云：

那时候，也速该勇士（太祖之父）正在斡难河放鹰猎鸟。飞放间，遇见了蔑儿乞惕族的也客·赤列都，正从斡忽讷惕族中迎娶了一个女子回来。也速该注目一看，这女子实在是特别美丽的贵夫人。随即转回家去，引着他哥哥捏伸，弟弟塔里台·斡惕赤斤一同赶上去。

一见他们来到，也客·赤列都就害怕起来。他正骑着一匹黄快马，便即打着马腿，越过山冈，想要躲避。三人从后面跟着赶来。赤列都又拐过山嘴，再回转到自己车子跟前。车上的诃额仑兀真（兀真义即汉语的夫人），对她丈夫说，“你觉得了么？那三个人的颜色好生不善，看样子将要伤害你的性命。每辆车子的前沿都有好女子，每辆黑篷车内都有贵妇人。你若有性命啊，似我这般的妇人有的是。你若想我，再娶的妇人，就唤做诃额仑。你快逃命，闻着我的香味逃走”。说着就脱下自己的衫儿给他。他刚从马上探身接过，那三人已拐过山嘴追到了。赤列都赶紧打着黄快马的后腿，急急忙忙，逆着斡难河逃走。

三人从后面追赶，一直越过七个山冈，赶不上，才又转回来。也速该裹了诃额仑兀真，牵着车子的缰绳。哥哥捏伸在前引路，弟弟塔里台·斡惕赤斤帮着车辕，把这妇人领回去。

诃额仑兀真说：“我的哥哥（丈夫）赤列都，迎着风，脖揪（蒙文鬓发之义）不曾让刮了，旷野跑，肚皮不曾叫饿了？现在不知怎样呢？好像两个练椎（蒙古妇女垂于胸前的发辫），一个打着我的背脊，一个打着我的胸怀，一个向后，一个向前，如今叫我怎么办？”说着大声哭起来，哭得斡难河的水都激起波浪，山谷中的林木都震动出声音。

塔里台·斡惕赤斤在旁劝她说，“你所搂抱的人，已过了不少山岭，渡过不少河川，即使大声呼喊，他也不能再回头看你。如要追寻踪迹，再也找不出他的路径。住声罢，不要哭了”。说着劝着，也速该便把诃额仑领到自己家里。

诃额仑生了成吉思汗，名铁木真，在他十三岁的时候，父亲也速该，被塔塔儿人暗算毒害，遗下寡妻和几个儿子。母子被强族泰亦赤兀惕人所遗弃，流落斡难河畔。母亲扶养诸子，生活十分艰苦。《秘史》略云：

泰亦赤兀惕的兄弟们，将寡妇诃额仑夫人和幼小的儿子们撇下，拔队他徙以后，诃额仑夫人好生能干，束紧固姑冠，系着短上衣，沿着斡难河上下奔跑，拣拾野果抚养诸子，获得温饱。有胆有识的母亲夫人，拿着杉木叉子，沿河剜红蒿、野葱，养育了有福的儿子们，使他们成人。母亲拿野蒜、野韭菜扶养儿子们，终于成为受人爱戴的可汗。

美丽聪慧的诃额仑夫人，用韭菜、野葱抚养长大的儿子们，都成了不知畏缩的好汉，既到臂力过人的时候，都是斗志高昂，敢作敢为。他们相互说，“要努力奉养母亲”。整治钓竿去钓鱼，用火烧弯了针，当作钓钩去钓细鳞白鱼和鲹条鱼，用结成的网去捞小鱼和大鱼，如此奉养他们的母亲。

这几个儿子，并非都是诃额仑所生，其中有异母弟兄，大家秉性刚烈，就不免互相争吵。有一天，铁木真与哈撒儿两兄弟，同异母兄弟别克帖儿、别勒古台在河边执竿钓鱼，铁木真与哈撒儿钓到一尾金色小鱼，被另外两个异母兄弟抢夺了去。铁木真回家向母亲诉说，母亲劝他们说：“你们不要不和顺，要知道除影子以外，没有伴当，除尾巴以外，没有鞭子。泰亦赤兀惕兄弟们加给我们的痛苦怎样报？”又叮咛着说：“你们可不要像从前阿兰娘娘的五个儿子那样不和顺，你们千万不要那样做！”

可是铁木真和哈撒儿不服气，到外面把异母兄弟别克帖儿射死了。

铁木真杀弟之后，诃额仑大怒，严词训责。她的话，所谓斡难河训子，极负盛名，《秘史》略云：

> 一进家门，母亲看见两个儿子的脸色就知道了。说道：“祸害！你（指铁木真）从我怀里一生出来的时候，手里就握着一个黑血块。你这个像咬自己胞衣的猛犬。你们像向山崖硬冲的猛兽，像忍不得愤怒的狮子，又如吞活物的巨蟒一般。……你们这些祸患……泰亦赤兀惕兄弟们的苦受不得，仇怎生去报？你们想想，怎生过活，又这样的做！”

篾儿乞惕人带来的

成吉思汗（铁木真）的父亲从篾儿乞惕族人那里夺得了诃额仑夫人，于是两族结下深仇。到后来，成吉思汗娶了孛儿帖夫人，事隔多年，蔑儿乞惕族大兴报仇之师。

那是黎明之前的一次突袭，铁木真一家分别骑马逃走。孛儿帖夫人无马可骑，有一个老妈妈豁阿黑臣把孛儿帖藏在装羊毛的牛车里，逆着腾格里小河前行。这时天将亮，迎面来了篾儿乞惕族的几名军人，即问："你是什么人？"

老妈妈答道："我是铁木真家里的人，给他家出去剪羊毛，现在事毕回家。"那些人又问："铁木真在家不在？离这里多远？"老妈妈说："家啊，倒离此不远。可是不知道铁木真在家不在家。我起身后，是从后边出来的。"

军人们随即策马走开。老妈妈打着拖车的牛，想赶速前进，车轴突然折断，想跑进树林去躲藏，不料又来了几个骑马的军人。问道："这车里载的是什么？"老妈妈答道："载的是羊毛。"

军人中一个年纪较长的说："弟兄们，下马去看看！"弟兄们下马，把车门拉开，看见里面坐着一位如花似玉的贵妇人，就把她从车子里拖下来，这正是铁木真的夫人孛儿帖。军人们教老妈妈和孛儿帖叠骑一马，驮着走。他们依着草上的痕迹，向不儿罕山追寻铁木真去了。

军人们绕着不儿罕山，找寻三遍，都未搜得。那些篾儿乞惕人说："我们为着报抢夺诃额仑的仇而来，如今已掳获了他们的妇人，我们的仇已经报了。"于是纷纷退去。

后来铁木真联络了别的部族，战胜并消灭了篾儿乞惕族，把他们的房子推倒，好妇人加以掳掠，而孛儿帖夫人也回家重新团聚。

但孛儿帖夫人肚子里却带了篾儿乞惕人的种子，《秘史》在叙述此事的时候，没有明言。但到后面的第二百五十四节却透露了，其时成吉思汗考虑到立储问题，先征询几个儿子的意见，他先问拙赤：

我的儿子中，你是最长的。你有话吗？

《秘史》云：拙赤还没有回答。另一个儿子察阿歹(《元史》作察合台）抢着说道：

父亲问拙赤，莫不是要付托他？他是篾儿乞惕人带来的，俺如何教他管！

据姚教授的注，“带来的”一词，德国元史专家海尼士译作“Bastards der Merkit”，意即“篾儿乞惕人的杂种”。

附　录

元太祖长子拙赤
并非篾儿乞惕人所下的种子

宋　杰

拜读朴人先生大作《帝王生活·蒙古秘史》一文，内有“如太祖成吉思汗之妻孛儿帖曾被篾儿乞惕人抢去辱污，后虽夺回，而太祖长子拙赤，却是篾儿乞惕人下的种子……”文中又云：“但孛儿帖夫人肚子里却带来了篾儿乞惕的种子”，又称：“据姚教授注，‘带来的’一词，德国元史专家海尼士译作‘Bastards der Merkit’，意即‘篾儿乞惕人的杂种’”。查日本名注疏家那珂通世博士所著《成吉思汗实录》内第402页有关拙赤出生考证称：“拙赤（《亲征录》、《元史》均称术赤）出生时的事，《秘史》虽未载明，唯孛儿帖兀真之被篾儿乞惕所掠，系乘太祖与王罕及札木合等三人征伐之时，逃离篾儿乞惕后所生之缘故，因而取名拙赤。拙赤一词系蒙古语谓‘客’之意。”又那氏引证我国元秘史注疏家洪钧之《术赤补传》中，曾依据另一元秘史注疏家剌失惕额丁 Rashid Eddin（元定宗二年，1247 年，生于哈马丹 Hamadan，以医术任职于“合赞汗”，旭烈兀的曾孙，至成宗之大德二年，1298 年位任尚书，继于“斡勒斋秃汗”——合赞之弟——时亦任其职。）曾奉“合赞”之命集录蒙古史，于大德十一年，1307 年著书完成，书名《札米兀惕帖伐哩黑》Kami ut Tevarik，其意即蒙古集史），及阿不勒噶资 Abu L’Guazi Buhadour Khan，Shadjaredi Turk 等考证称：“孛儿台有姊为汪罕妃，烈祖又尝有德于汪罕，故闻太祖之诉，即胁蔑儿，归孛儿台。未被掠时，孕已数月，此在归途术赤生。仓促无襁儿具，乃团面如篮形，置于骑以载归。太祖喜曰：‘此不速之客也’，故名曰术赤”。由于上述国内外各元秘史注疏专家之考证，可知孛儿帖兀真系于未被掳前数月即已怀孕，当非所谓“带来蔑见乞惕人的种子”，更难谓为“杂种”。此说应具相当权威性，似不容置疑。至朴人先生引述有关拙赤身世，颇需商榷，恐系各种语文辗转翻译，以讹传讹，致与事实恐有出入之处。兹特举述那珂通世博士等有关考证，以就教于朴人先生，并供读者及专家参考，敬请赐予披露，为感。

朴人按：元朝初期史事，因记载不多，语文隔阂，历来叙述，每多疏舛，而诠释者莫衷一是之说法甚多。本章所述，均以《蒙古秘史》为本，文中已有声明，而“篾儿乞惕人带来的”一语，亦引自姚译《蒙古秘史》，为太祖另一子察阿歹向其父所说。旧译《元朝秘史》（商务人人文库本第 164 页），译文亦同。因宋杰先生指教盛意，且考证博赡，另有一说，特刊为附录，以供读者参考焉。

第十章　四季游猎

春水猎鹅

近代发现的殷墟甲骨，其中不少骨片，留有殷王狩猎的记载，文字虽简单，但载明狩猎日期，猎获兽名，可见三千年前的我国帝王，即有兴与狩猎，刻骨记载，更是重视这种活动。

读司马相如《上林赋》、扬雄《羽猎赋》，则知我国汉代帝王，畋猎的规模亦盛，古风未泯。畋猎不仅遣兴消闲，实是有益身体的运动。汉而后，唯有入主中原的塞外民族帝王，对畋猎视为每年常例，辽、金之“春水秋山，夏冬捺钵”（亦作剌钵），元代“四季行营”的狩猎制度，清之“秋狝行围”。这几朝的外族帝王，他们起源于塞外游牧民族，故保留了此一习惯，而后世的汉族帝王却视狩猎为野蛮鄙事，垂拱不下堂，不习劳动，也许成其体魄衰颓的原因之一。

清代的秋狝行围，本书前编，已有谈述，此章请言辽、金、元三朝帝王的游猎生活。

辽为契丹族，部族之长耶律阿保机于我国后梁末帝贞明二年（916 年）称帝建元，传八世九主，到宋徽宗宣和七年（1125 年）为金人所灭。其疆域据《辽史·地理志》："东至海，西至金山（阿尔泰山），暨于流沙（甘肃、新疆的沙漠），北至胪朐河（克鲁伦河），南至白沟。"它是割据北方的一个王朝。

契丹西译为 Khitan，又转音为 Cathay。因辽亡后，有契丹族人耶律大石，在中土不能立足，率师西侵，逾葱岭，一直到中央亚细亚及波斯南境，建号称帝，史称西辽。他是元朝成吉思汗之前，东方人西侵的前驱。西方人震于契丹的兵势，遂称中国为 Cathay。近年或将 Cathay 一字，音译为"国泰"，粗看似若雅驯，然稍稍留心中国历史的人，就知道以 Cathay 称中国，实有未妥，而中国人尤其不宜自称 Cathay。这是题外的话，因说辽代故事，附带及之。

辽以地理环境及民族习性，人民以畋猎畜牧为生，帝王亦有定期的游猎。上文所说的"春水秋山，夏冬捺钵"，这几个契丹名词，一直沿用到金代王朝，宜先作解释。

"春水"是春天到水边用海东青（鹰名）猎取天鹅，"秋山"则秋天到山中猎鹿及其他野兽。"捺钵"意为契丹帝王巡幸游猎时的行宫。《辽史·营卫志》云："居有宫卫，谓之斡鲁朵；出有行营，谓之捺钵。"又云："秋冬违寒，春夏避暑，随水草，就畋渔，四时各有行在之所，谓之捺钵。"

大约冬夏的捺钵多以违寒避暑为主，间亦狩猎，而畋猎则多在春水秋山，畋猎时的行宫，亦名捺钵，故有四季捺钵之称。

宋徐梦莘《三朝北盟会编》云："辽主岁入秋山，女真常从。呼鹿、射虎、搏熊皆其职也。"女真指金人，在没有灭辽而自建王朝以前，其重要人物仕于辽，故辽之秋山，有女真人从之。《辽史·天祚帝纪》云："吴乞买、粘罕、胡金等皆从（帝）猎，能呼鹿、刺虎、搏熊。"

其后金灭辽自立后，不仅四时游猎仿自辽制，连春水秋山及捺钵等名称也一并承袭。《中兴小记》载金天眷二年（宋绍兴九年，1139年）十一月之事云：“金主亶谕其政省：今后四时游猎，春水秋山，夏冬捺钵，皆循辽人故事。”捺钵者，契丹语行在之意。然契丹先世，虽然游猎，未尝立四时定制。自中兴讲好之后，复并诸蕃，境内无事，始于每岁春水猎鹅，秋山射鹿。

春水猎鹅之制，辽金几乎完全一样，《辽史·营卫志》云：“春捺钵曰鸭子河泺（混同江相连的湖泊），皇帝正月上旬起牙帐，约六十日方至，天鹅未至，卓帐冰上，凿冰取鱼。冰泮（溶散之义），乃纵鹰鹘捕鹅雁，晨出暮归，从事弋猎，鸭子河泺东西二十里，南北三十里，在长春州东北三十五里，四面皆沙埚，多榆柳杏林。皇帝每至，侍御皆服墨绿色衣，各备连锤一柄，鹰食一器，刺鹅椎一枚，于泺四周，相去各五七步排立。皇帝冠巾衣时服，系玉束带。于上风望之，有鹅之处举旗，探骑驰报，远泊鸣鼓，鹅惊腾起，左右围骑皆举帜麾之。五坊擎进海东青鹘，拜授皇帝放之。鹘擒鹅坠。排立近者，举椎刺鹅，取脑以饲鹘。皇帝得头鹅荐庙，群臣各显酒果，举乐更相酬酢致贺，皆插鹅毛于首以为乐。”

凿冰钩鱼和飞放

金帝春水猎鹅，大体几与辽代完全相同，金赵秉文《滏水集》有《春水行》诗，描写金帝的春捺钵，纵鹰猎鹅，略云：“光春宫外春水生，鴽鹅飞下寒犹轻。绿衣探使一鞭信，春风写入鸣鞘声。龙旗晓日迎天仗，小队长围圆月样。忽闻叠鼓一声飞，轻纹触破桃花浪。内家最爱海东青，锦鞲制臂翻青冥。晴空一声雪花堕，连延十里风毛腥。初得头鹅夸得隽，一骑星驰荐陵寝。

欢声沸入万年觞，琼毛散入千宫鬓。……”

劳延煊近年发表专文，言金帝游猎生活，于春水畋猎，有言简意赅的叙述，略云：

> 金帝在每年正月或二月，有春水之行。春水目的，是以海东青猎野鹅。先由探使觅得天鹅踪迹，驰回报信，皇帝得信后，便与臣属们浩浩荡荡赶往猎捕。捕捉时由穿绿衣的围鹅夫击鼓使鹅惊起，然后放海东青击鹅，鹅力不胜，与海东青同堕地上，围鹅夫便趋前捕之。获得第一只鹅（头鹅）后，要派人送到山陵祭奠祖先。群臣于猎得天鹅后齐呼万岁，插鹅毛于首，以示庆祝。

上文引《辽史》谓于猎之前，先作凿冰取鱼之举，金代亦有之。宋程大昌《演繁露》述辽人凿冰钩鱼，云：“达鲁河（即长春河）钩牛鱼，虏（契丹）中盛典也。意慕中国赏花钓鱼，然非钓也，钩也。其钩是鱼也，虏主与其母皆设帐冰上，预开冰窍四，各为冰眼。中眼透水，旁三眼环之，不透，第凿减令薄而已。薄者，所以候鱼，而透者，将以施钩也。鱼虽水中之物，若久闭于水，遇可透气之处，亦伸首吐气。故透冰一眼，必可以致鱼。而薄冰者，将以伺视也。鱼之将至，伺者即已透眼中用绳钩掷之，无不中者。”

宋人亦有记载，言及金帝钩牛鱼赐使臣事。宋周必大《二老堂杂志》云：“王十朋望见周麟之枢密，呼为鱼头公，问其故，云：前岁为大金谢史，虏主喜之，享以所钩牛鱼，非旧例也。枢公糟其首献于朝，故有此号。虏中甚贵此鱼，一尾值与牛同。”

降及元代，海东青搏击天鹅，也是帝王春猎大典，名曰飞放。养鹰且有专人执掌，《元史·兵志》略云：

> 国制自御位及诸王皆有“昔宝赤”，盖鹰人也。及一天下，又设捕猎户，俾致鲜食以荐宗庙，供天庖。冬春之交，天子或亲临近郊，纵鹰搏击，以为游豫之度，曰飞放。

又《经世大典序录》曰：昔宝赤，鹰房之执役者。每岁以所养海青有获头鹅者，赏黄金一锭。头鹅，天鹅也，以首得而又重过三十余斤，以进御膳。

明《永乐大典》，收集有元帝室饲养鹰鹘口粮的资料，云：“（世祖）至元八年（1270年）八月，中书省定例合喂鹰食，海青兔鹘早食二两，后晌三两。鹰并牙鹘早食一两，后晌二两。皂雁北海青等斟酌稍多，应付食用新肉，加无鲜牛肉，杂与鸡猪”。

《马可·波罗游记》有元世祖（忽必烈）春猎记载，兹节略译文如次：

> 皇帝坐在木板做成的轿子里，由四匹象驮着。轿子内部饰有打击而成的金片，外边蒙着狮子皮，（因他患有风湿症）他在飞放途中总是这样的。他总是在他身边带着一打最优的鹰，他的护卫骑马随在左右。他们在旅程中，皇帝与护卫们谈着话。有时护卫之一便叫着说：陛下，看那些老鹳！于是皇帝命将象轿的顶打开，把一只鹰放出去，这些猎物大都落在皇帝视线所及的范围内。
>
> 他一直走到一个叫卡察摩屯的地方才停止前进。在那里，他和他嫔妃、皇子及护卫的帐幕都已支起来了。大约有一万个左右。
>
> 皇帝春季住在那里不做别的事，只是在那些充满了雉和野鹅的河、湖及平原上飞放。到了五月中旬，他才和随从们回到汗巴里克去，但在途中仍以行猎飞放为娱乐。

秋山哨鹿与打围

辽代秋山狩猎，以鹿及虎为目标，《辽史·营卫志》“秋捺钵”条云：“秋捺钵曰伏虎林，七月中旬自纳凉处起牙帐，入山射鹿及虎。林在永州西北五十里，尝有虎踞林伤害居民畜牧，景宗领数骑猎马。虎伏草际，战栗不敢仰视，上舍之，因号伏虎林。……每岁车驾至，皇族而下，分布滦水侧，伺夜将半，鹿饮盐水，令猎人吹角效鹿鸣，既集而射之，谓之舐盐鹿，又名呼鹿。”

呼鹿技术，为金以至后来的清代帝王所沿用。徐梦莘《三朝北盟会编》，言金人射鹿技术，云：“精射猎，每见巧兽之踪，能蹑而追之，得其潜伏之所。以桦皮为角，吹作呦呦之声，呼麋鹿而射之”。清代称呼鹿为哨鹿，清人吴振棫《养吉斋丛录》云：“哨鹿者，秋分前后昧爽时，戴鹿首伏林壑中，以哨致鹿。哨以木为之，引吻达气，低昂应声，鹿即随至。”

猎鹿用哨，金及清皆仿自辽，不过技术则愈到后来似乎愈为精进。

《金史》历代帝王本纪多有秋山猎鹿的记载，如章宗明昌五年（1194年），帝“七月戊辰猎于豁赤火，一发贯双鹿，是日获鹿二百二十二”。狩猎所获，也有其他野兽，如章宗于同年七月辛巳，“是日上亲射，获黄羊四百七十一”。又，《徒单公弼传》：“章宗秋山射中虎”。

到了元代，元帝秋猎，事前先筑围场，使兽无他逸，故又名打围。宋人彭大雅《黑鞑事略》云：“凡主打围，必大会众挑土以为坑，插木以为表，维以毳索，系以毡羽，犹汉兔罝之制，绵亘一二百里间，风扬羽飞，则兽皆惊骇而不敢奔逸，然后蹙围击焉。”

冯承钧译多桑《蒙古史略》云：“蒙古人之围猎有类出兵，先遣人往探野兽是否繁众，得报后即命周围一月程内驻屯之部落，于每十人中签发若干人，设围驱兽，进向所指之地。”

“其始也猎围甚广，嗣后士卒摩肩而进，猎围逐渐缩小。至所指之地，止于周围二三程之猎围，以绳悬毡结围以限之。汗（太祖）先偕其妻妾从者入围，射取不可以数计之种种禽兽为乐。”

元代帝王行猎之兽，总类较多，不限鹿与虎也。且畜有驯豹，猎时纵以搏兽，耶律楚材自注其《扈从冬狩之诗》云，“御阑有驯豹，纵之以搏野兽”。《马可·波罗游记》亦曰，“可汗有若干受过训练的豹，以为捕兽之用”。

明《永乐大典》所收资料，言元代饲豹的肉食之量，云：

> （成宗）大德六年（1302年），户部据大都运司申，旧例豹子每一个日支羊肉七斤，大土豹净羊肉四斤，土豹净羊肉三斤。

四季捺钵的地点

上文已述辽代春水的地点，多在长春州东北的鸭子河湾，至夏季捺钵，据《辽史·营卫志》，初无定所，但多在庆州（今热河林西县）东北三百里的吐儿山。四月中旬自春捺钵起牙帐，游牧至五月末旬，六月上旬至。在吐儿山约居五旬，七月中旬乃去。秋捺钵一名秋山，多在永州之伏虎林，七月中旬自纳凉处起牙帐，入山射鹿及虎，至一月，复回冬捺钵。辽代的冬捺钵经常多在大叶山南面的广平淀（从姚从吾说）。

元人张德辉之《岭北纪行》，言游牧民族一年转徙式的流动生活曰：“大率遇夏则就高寒之地，至冬则趋阳暖薪水易得之处以避之。过此以往，则今日行，而明日留，逐水草，便畜牧而已，此风土之所宜，习俗之大略也”。民间如此，故帝王亦有四季捺钵，而在转徙之时，利用地理环境，以事畋猎，不仅辽为然，金元亦不例外。

金代最初都于会宁府，称上都，其地在今吉林阿城县，其后金主亮迁都于燕京，称中都。到了夺得北宋的汴京之后，又南迁至汴。因为都城迁移，故金帝四季捺钵的地点亦随之变动。

在上都时期，太祖、太宗朝游猎，似少固定地点，到熙宗朝则较明确可考。

熙宗的春水捺钵，有三处：一为松花江东岸伯都讷附近的爻剌，熙宗在其地建有“天开殿”行宫；二为济州春水，济州又名隆安，在今吉林伊通河流域的农安境；三曰百泊河春水，河在会宁府与东京（辽宁辽阳）之间，论者以为大约是混同江，亦即今松花江的上游。

熙宗秋猎和冬捺钵，很难找出明确的固定地点，唯《金史》本纪云，皇统四年（1144 年）九月“乙酉，上如东京，壬子畋于沙河射虎”。冬腊，《金史》则有皇统二年（1142 年）十二月猎于“核耶呆米路”，皇统九年（1149 年）十一月猎于“忽刺浑土温”等记载，但这两个地方，属于何州何府县，则无法考定。

夏捺钵则在“撒里乃地”，这本是辽代的避夏之处，在临潢府，在今热河林东县附近。

金主亮弑熙宗自立，数年后迁都燕京，春季游猎的地点，大多在燕京四周二百里范围以外，如现在河北高阳县的安州，今北京顺义县的顺川，并在今滦县附近之石城，建有长春宫。到后来的章宗，于遂州建有光春宫，大兴建有建春宫。

避暑地最著名者为“金莲川”，金章宗之前的世宗，史籍甚多到金莲川夏捺钵记载。此地本为辽代清暑之地，在今张北县境，独石口之北，章宗时，并于附近建筑了泰和宫。秋猎大概也在此处数十或数百里的山中。

元代最初以和林为首都，又称喀喇和林，在今库伦西南，后来随统治地区的扩大，以今内蒙古之多伦为上都，以北京为大都。游猎地点，大率以都城为中心，如太祖时代为克鲁伦河（又名胪朐河）上游，太宗时代为和林北方的“揭揭察哈”。

上都确立之后，往往以之为消夏地，元朝历代帝王每年必往还于上都及大都之间。据劳延煊考《元史本纪》，有如下的综合说明：

> 世祖时代总是在每年二月往上都避暑，也有三月始赴上都的，但次数不及二月为多。八月、九月或十月回大都。成宗时情形和世祖时相似。武宗时往上都的日期固定在三月，回大都的日期固定在九月。仁宗于每年三月或四月至上都，八月或九月回大都。文宗则于每年五月始往上都，七月或八月回大都，所以在上都的时间比其他诸帝为短。到顺帝时，多于四月间往上都，约在九月才回大都。

上都附近有“凉亭”三处，《读史方舆纪要》云，东西二凉亭在上都之南，北凉亭在上都之北，凉亭为夏季行宫，《元史·赵世延传》云：“帝（英宗）猎北凉亭”，则凉亭不仅是避暑之用，其附近且为夏季狩猎之地。

穹庐毡帐

元代帝王游猎，行止之地，往往临时支立“行帐”，蒙古亦称之为“斡鲁朵”，其构造极为富丽，南宋奉使元廷的彭大雅，所撰《黑鞑事略》，有蒙古行帐的记载，所述为元太宗时事，引之如次：

> 其居穹庐（原注，即毡帐），无城壁栋宇，迁就水草无常。鞑主徙帐以从校猎。凡伪官属从行曰起营，牛马橐驼以挽其车，车上室可坐可卧，谓之帐舆。舆之四角，或植以杖，或交以板。凡鞑主猎帐所在皆曰窝里陀（斡鲁朵）。

稍缓数年南宋使元的徐霆，对蒙古所谓金帐亦有描写，其言曰："草地中大毡帐，上下用毡为衣，中间用柳编为窗眼透明，用千余条索拽住。阈与柱皆以金裹，故名。中可容数百人。鞑主帐中所用胡床，如禅寺讲座，亦饰以金"。又云："穹庐有二样，京师之制用柳木为骨，正如南方罣罳，可以卷纾，面前开门，上如伞骨，顶开一窍，谓之天窗。皆以毡为衣，马上可载。草地之制，以柳木织成硬圈，用毡挞定，不可卷舒。车上载行，水草尽则移，初无定日。"

元世祖时来华的意大利人马可·波罗，其游记亦有世祖所用斡鲁朵的记载，略云：

> 在（上都）一个引人入胜的树林中，他（指世祖）有一用杆子造成的宫殿。它完全用金镀过，内部亦涂以精致的漆，用镀金和镀漆的柱子支撑着。每根柱子有一镀金的龙，龙尾和柱子相连，龙爪则分别向左右伸出，以支持此一建筑。它的屋脊也用杆子造成，有漆保护，使它不致为雨水腐蚀。杆子周围约三掌，长约十至十五步。简言之，整个宫殿是用杆子所构成，它的结构设计，可以灵活拆散和架起，也可以拆成零件，而移至皇帝命令所指定的地方。当它架起之后，便用两百条丝带维系着，以防大风造成意外。

在元以前，金帝的四季捺钵，虽在若干地方建有行宫，然而也不尽为永久性建筑。劳延煊云："所谓建，只是建筑行殿的周垣及基础，至于行殿本身，为使行猎飞放时方便，仍用可以拆卸的帐幕之类。"

《金史·梁襄传》言金莲川的行宫曰："所次之宫，草略尤盛，殿宇周垣，惟用毡布。"又《金史·章宗纪》，章宗谕有司曰："金井捺钵不二三日留，朕之所至，一凉厦足矣。其藩篱不急之处，用围幕可也。"

以毡幕作行帐，当为塞外游牧民族，帝王旅行游猎所习用，不限于蒙古人，女真和契丹人已有先例。《辽史》称辽帝四季捺钵行动时，曰"起牙帐"，用的也是帐幕。《辽史·营卫志》"冬捺钵"条谓，"皇帝牙帐，以枪为硬寨，用毛绳连系"。又云："南有省方殿，殿北约二里曰寿宁殿，皆木柱竹榱，以毡为盖，彩绘韬柱，锦为壁衣，加绯绣额。又以黄布绣龙为地障，窗槅皆以毡为之，傅以黄油绢。基高尺余，两厢廊庑，亦以毡盖。"

第十一章　英主好杀

莫须有的文字狱

赵翼《廿二史札记》云："英主好杀者有明太祖。"又云："汉高祖诛戮功臣，固属残忍，然其所必去者，亦止韩、彭，至栾布则其反而诛之，卢绾、韩王信，亦其谋反有端而后征讨，其余萧、曹、绛、灌等，方且倚为心膂，欲以托孤寄命，未尝加猜忌也。独至明祖，借诸功臣以取天下，及天下既定，即举取天下之人而尽杀之，其残忍实千古所未有，盖雄猜好杀，本其天性。"

赵翼用"尽杀之"一语，不免夸张而欠审慎，佐太祖驱除异族，拨乱反正，所谓取天下的名将功臣，徐达、常遇春、刘基、汤和等亦如汉之萧、曹、绛、灌，都得善终。但明祖之多杀功勋，确是事实，且其范围之大，人数之多，不能不说有些骇人听闻。诛宰相胡惟庸，株连而族诛者竟达三万余人，其中因立功而封侯者有二十余人。名将蓝玉之狱，株连者亦达万五千人。然而胡蓝之诛，亦是谋反有端，不是无缘无故的。

太祖个性刚决，且承元朝荒乱之后，用法极严，亦由不得不然的环境所促成。太祖用法之严峻，实例甚多。如胡大海方宣力浙东，其子在都犯酒禁，即手刃之曰："宁使大海叛我，不可使吾法不行"。又如赵仲中守安庆，陈友谅陷其城，仲中走还，常遇春请原之，帝曰："法不行，无以惩后"。遂诛之。

太祖朝曾发生过不少文字狱，这样杀人，已超过用法严峻的范围，透露太祖的猜疑残酷，也许是一种不正常的变态心理作祟。

以一字猜疑而造成诛戮之案，如：

浙江府学教授林元亮，为海门卫作《谢增俸表》，以表内"作则垂宪"一语诛。北平府学训导赵伯宁，为都司作《万寿表》，以"垂子孙而作则"诛。福州府学训导林伯璟，为按察使撰《贺冬表》，以"仪则天下"诛。桂林府学训导蒋质，为按察使作《正旦贺表》，以"建中作则"诛。

盖"则"音近"贼"，"作则"有讽皇帝"作贼"之嫌。

常州府学训导蒋镇，为府尹作《正旦贺表》，以"睿性生知"诛。尉氏县教谕，为府尹作《万寿表》，以"体乾法坤，藻饰太平"诛。以"生"字嫌于"僧"，"法坤"嫌于"发髡"，以为讥刺太祖幼年曾做和尚。更奇怪的，杭州教授徐一夔贺表，有"光天之下，天生圣人，为世作则"等语，太祖览之大怒曰："生者僧也，以我尝为僧，光则薙发也，则字音近贼也。"遂斩之。真是不可思议的异想天开，今日有一笑话，谓秃头怕说电灯泡，这种自卑心理，不料明太祖竟亦有之。

中山博物馆藏有明太祖御笔七十四道，其中有诗稿三篇，却有两篇是以"僧"字起头，则其本人并不忌讳"僧"字，所以有人以为太祖的文字狱，为除异己的一种借口。然而这些被杀的，仅属地方小官，说不上有何政治作用，或许好杀成性，找到机会，就要开开杀戒。

四相中诛戮三相

明代设置相国，始于太祖接位之前，元至正二十四年（1364 年）太祖称吴王，始定官制，仿元制设中书省，置左右相国，以李善长为右相国，徐达为左相国。次年，决定官制尚左，乃改善长为左，达为右。达方连年统兵，平汉平吴取中原，实不与省务。

洪武元年（1368 年），改相国为丞相，直至四年（1371 年），皆由善长独相。四年正月，善良致仕，以汪广洋为右丞相，徐达为左丞相，徐达仍统军，旋为大将军西征，广洋独相。

六年（1373 年）广洋左迁广东参政，而以胡惟庸代之，惟庸亦以右丞相独揽省务。十年（1377 年）九月惟庸转任左丞相，仍以汪广洋为右丞相。至十二年（1379 年）十二月，广洋贬广南，惟庸又独相。洪武十三年（1380 年）正月，胡惟庸以谋反伏诛，太祖下诏罢中书省，废丞相制，定祖训，不许后代设置。

是故，终明之世，丞相唯有李善长、徐达、汪广洋、胡惟庸四人，而徐达因统军而不与省务，真正以丞相而掌中书机务者，仅有李、汪、胡三人，而三人皆得罪或诛或赐死，不获善终。

三人之死互有牵连，祸根则在胡惟庸，其案最大，株连族诛者及三万人，前已言之，请先谈惟庸其人其事，旁及善长与广洋。

胡惟庸于元顺帝至正十五年（1355 年）归太祖于和州，授元帅府奏差，寻转宣使，除宁国主簿，进知县，迁吉安通判，擢湖广佥事。吴元年（1367 年），召为太常少卿，进太常卿。据《明史纪事本末》，“惟庸故起家宁国令，时太师李善长秉政，惟庸馈善长黄金二百两，得召入为太常卿”。洪武三年(1370年)拜中书省参知政事，六年(1373年)拜右丞相，久之进左丞相。

史书言惟庸雄奕有大略，唯阴刻险鸷，甫从龙，举止便辟，即上所问，所强记对答少所遗，曲谨当帝意，帝遂大爱幸之。

在其独相数岁间，生杀黜陟，或不奏径行。内外诸司上封事，必先取阅，害己者辄匿不以闻。四方躁进之徒，及功臣武夫失职者奔走其门，馈遗金帛玩好，不可胜数。

大将军徐达深疾惟庸之恶，从容言于帝。惟庸诱徐达阍者福寿以图达，为福寿所发。御史中丞刘基亦尝言其短。久之，基病，帝遣惟庸携医视疾，遂以毒中之，饮药后，有物积腹中如拳石。基死，益无所忌。与太师李善长相勾结，前引《纪事本末》，惟庸之初入中枢为太常卿，为贿赂善长的结果。后以其兄女嫁善长从子李佑。

论者以为惟庸毒杀刘基之后，即存谋反之心，盖恐事发难逃诛戮。于是先散布谣言，也许有一翻造作，谓其家乡定远(定远在今安徽凤阳)，井中忽生石笋，出水数尺，引为符瑞。又言其父祖三世冢上，皆夜有火光烛天。《明史》曰：“惟庸益自负，有异谋矣。”以今日的常识判断这说法不免倒因为果，事实大约是先有异谋，然后制造符瑞。

联络李善长同谋反

惟庸第一步是秘密联络失意武臣，引为心膂，作谋反准备。吉安侯陆仲亨，自陕西归，擅乘传，太祖怒责之曰：“中原兵燹之余，民始复业，籍户买马，艰苦殊甚，使皆效尔所为，民虽尽鬻子女，不能给也。”责捕盗于代县。

平凉侯费聚，奉命抚苏州军民，日嗜酒色，帝怒，责往西北招降蒙古，无功，又切责之。

二人大惧。惟庸以权利胁诱二人，二人素愚勇，见惟庸用事，密相往来。尝过惟庸家饮，酒酣，惟庸屏左右，密谓之曰："吾等所为多不法，一旦事觉，如何?"二人益惶惧，惟庸乃告以己意，令在外收集军马。

又尝与御史大夫陈宁坐省中阅天下军马籍。令都督毛骧，取卫士刘遇贤及亡命魏文进等为心膂，曰："吾有所用尔也。"

太仆寺丞李存义，善长之弟，惟庸侄婿李佑父也。惟庸令阴说善长，善长已老，不能强拒，初不许，已而依违其间。

善长通惟庸，事发在洪武二十三年（1390 年），距惟庸于十三年（1380 年）伏诛，已事隔十年矣。《明史》记此事略云：

> 十三年（1380 年）惟庸谋反伏诛，坐党死者甚众。十八年（1385 年）有人告存义父子实惟庸党者，诏免死，安置崇明，善长不谢，帝衔之。又五年（洪武二十三年），善长年已七十有七，耄不检下，尝欲营第，从信国公汤和假卫卒三百人，和密以闻。四月，京民坐罪应徙边者，善长数请免其私亲丁斌等。

审讯丁斌，斌故尝给事惟庸家，因言存义等往时交通惟庸状。命逮存义父子，鞫之，词连善长，言惟庸有谋反，使存义阴说善长，善长惊诧曰："尔言何为者，审尔九族皆灭。"已而又使善长故人杨文裕说之，云事成当以淮西地封为王，善长惊不许，然颇心动。惟庸乃自往说之，善长犹不许。居久之，惟庸复遣存义进说，善长叹曰："吾老矣，吾死，汝等自为之。"

或又告善长曰："将军蓝玉出塞，至捕鱼儿海，获惟庸往日遣元故臣封绩往蒙古，通残元嗣君之书札，请兵为外应。"善长匿不以闻。于是御史交章劾善长，而善长奴卢仲谦等，亦告善长与惟庸通赂遗，交私语。

狱具，谓“善长元勋国戚，知逆谋不举发，狐疑观望，怀两端，大逆不道”。遂并其妻、女、弟、侄家口七十余人诛之。据《纪事本末》，则云善长是自缢而死的。

善长之诛，乃是惟庸伏诛后的发展，现在再回到惟庸案发之前，其密谋布置。

欲借日本兵为助

惟庸通蒙古之事，发觉在洪武二十三年（1390 年）五月，而其交通日本，欲借日本兵为助，则在十九年（1386 年）十月林贤狱具，事方大著。林贤为宁波卫指挥，惟庸密委以借兵日本之任务。

初，太祖接位后，苦于沿海倭寇之患，且恐其政敌方国珍、张士诚纠结倭寇为乱，鉴于前元两次征日本之失败，又不敢用兵，乃先后遣使日本以通好。

惟庸利用此一机会，遂以秘密使命，付托林贤，官私记载，甚多言此事者，如《太祖实录》、《明史》、顾亭林《郡国利病书》等。兹引《明史》本传所记如次：

> 胡惟庸谋逆，欲结日本为助。乃厚结宁波指挥林贤，佯奏贤罪，谪居日本，令交通其君臣。寻奏复贤职，遣使召之，密致书其王，借兵助己。贤还，其主遣僧如瑶率兵四百余人诈称入贡，且献巨烛，藏火药刀剑中。既至，而惟庸已败，计不行，帝亦未知其狡谋也。越数年，其事始败，乃族贤，而怒日本特甚，决意绝之，专以防海为务。

《纪事本末》云，日本贡使见惟庸，“惟庸约其王，令以舟载精兵千人，伪为贡者，及期，会府中力士掩执帝，度可取之，不可，则掠库物泛海日本，有成约”。

洪武十三年（1380 年），惟庸被诛之前，先发生两件事情，失太祖欢。一是惟庸子驰马于市，坠死车下，惟庸杀挽车者，帝怒，命偿其死，惟庸请以金帛给其家，不许。惟庸惧，乃与御史大夫陈宁、中丞涂节等，谋起事益急，阴告四方及武臣从己者。二是十二年（1379 年）九月，占城来贡，惟庸等不以闻，中官出见之，入奏，帝怒，敕责省臣，惟庸及广洋顿首谢罪，而微委其咎于礼部，部臣又委之中书，帝益怒，尽囚诸臣，穷诘主者。

中丞涂节初与惟庸同党，是时忽反正，密告惟庸毒死刘基事，帝问广洋，对曰无有。帝怒责广洋朋欺，贬广南，舟次太平，帝又怒其在江西时曲庇朱文正，在中书时不发杨宪奸，赐敕诛之。

广洋死，其妾陈氏从死，帝询之，乃没官陈知县女也。大怒曰：“没官妇女，只给功臣家，文臣何得给？”乃敕法司取勘，于是惟庸及六部堂官，咸当坐罪。

明年正月，涂节遂告惟庸谋变，御史中丞高暠，时谪为中书省吏，亦以惟庸阴事告。帝大怒，下廷臣更询，词连陈宁、涂节。廷臣言节本预谋，见事不成，始上变告，不可不诛。乃诛惟庸、陈宁、涂节。惟庸死时，其谋反之迹尚未大著，至其后通倭及通蒙案发，帝大怒，必欲肃清逆党，株连蔓引，迄数年始靖。

胡惟庸谋反案发后，四方仇怨告讦，凡指为胡党，率相收，坐重狱。当时名臣承旨学士宋濂，已年老致仕，回籍家居，以孙宋慎坐胡狱被刑，籍其家，械濂至京，帝怒欲诛之。皇后谏曰：“民间延一师，尚始终不忘恭敬，宋先生亲教太子诸王，岂忍杀之？且宋先生家居，宁知朝廷事耶？”上意解，濂得发茂州安置，行至夔州，以疾卒。

信国公汤和，最为恭顺，也几乎牵入奸党案中，赵翼曰：“汤和亦被猜而竟得良死，《明史》传末谓：当时公侯坐奸党无得免者，和独享寿考，以功名终，而深为之幸，皆以见明祖之猜忌好杀，可知立传之用意也。”

蓝玉谋变之案

至洪武二十六年（1393 年）乃有大将军蓝玉之案。蓝玉，定远人，开平王常遇春妇弟，初隶遇春帐下。玉长身面赤，饶勇略，遇春数称于太祖，由管军镇抚，积功至大都督府佥事。寻封永昌侯，拜大将军，进凉国公。其女册为蜀王妃。史称玉有大将才，中山、开平既没，数总大军，多大功。

其军功之最为卓越可称者，为扫荡残元之役，元顺帝孙脱古思帖木儿嗣立于塞外，二十一年（1388 年）三月，命玉帅师十五万征之。时玉为大将军，屯蓟州，奉命后，出大宁，至庆州，谍知元嗣主在捕鱼儿海，间道兼程，进薄其营。敌以为明军乏水草，不能深入，又大风扬沙昼晦，玉军前进，敌无所觉，猝至前，大惊迎战，败之，杀太尉蛮子等，降其众。元主与太子天保奴数十骑遁去，玉以精骑追之不及，获其次子地保奴，妃公主以下百余人。又追获吴王朵儿只，代王达里麻，及平章以下官属三千人，男女七万五千人，并宝玺符敕金牌银印诸物，马驼牛羊十五万余，焚其甲杖蓄积无算。

奏捷京师，太祖大喜，赐敕褒劳，比之卫青、李靖。师还，进封凉国公。

玉为武人不修行检，骄蹇自恣，多蓄庄奴假子，乘势横暴，尝占东昌民田，御史按问，玉怒逐御史。北征还，叩喜峰关，关吏不时纳，纵兵毁关入，帝闻之不乐。

又，人言玉私元主妃，妃惭，自经死，帝切责玉。初帝欲封玉梁国公，以过改为凉，仍镌其过于券。玉犹不悛，侍宴语傲慢，无人臣礼。在军擅升降将校，黥刺军士，恣作威福，帝数切责之。

会西征还，命为太子太傅。玉不乐居宋国公冯胜及颍国公傅友德下，攘袂大言曰："我固不当为太师耶?"于是奏事，帝多不从。

玉惧，退语所亲曰："上疑我矣"。乃谋反。当是时，鹤庆侯张翼，普定侯陈桓，景川侯曹震，舳舻侯朱寿，东莞侯何荣，都督黄恪，吏部尚书詹徽，侍郎傅友文，及诸文武臣尝为玉部将者，玉乃遣亲信召之，晨夜会私宅，谋议集士卒及诸家奴，伏甲将为变。

约束已定，二十六年（1393 年）二月，锦衣卫指挥蒋朴告玉谋反。下吏鞫讯，狱辞云，玉等谋为变，将伺帝出耤田举事。狱具，磔于市，夷三族，列侯以下，坐党夷灭者，不可胜数。帝手诏布告天下，为逆臣录。至九月，乃下诏曰："蓝贼为乱，谋泄，族诛者万五千人。自今胡（惟庸）党，概赦不问"。凡列名逆臣录者，高官有一公、十三侯、二伯。

并非没有一些人情味

赵翼《廿二史札记》，列举胡惟庸及蓝玉两案以外，因别事为太祖所诛之文武臣下姓名，略曰："廖永忠功最大，以僭用龙凤诸不法事赐死。周德兴年最高，以其子乱宫，并德兴赐死。王弼已还乡，又召入赐死。胡美因女为贵妃，偕子婿乱宫，并美赐死。李新、谢成，别以事诛死。文臣以事诛者，又有茹太素以抗直不屈死，李仕鲁以谏帝惑僧言，命武士捽死于阶下，王朴、张衡皆以言事死，孔克仁、陶凯、朱同俱坐事死。”

太祖以重典驭下，稍有触犯，刀锯随之。赵翼引《草木子》云：“时京官每旦入朝，必与妻子诀，及暮无事则相庆，以为又活一日。”

赵翼分析明太祖寡恩好杀的原因，以为：“汉光武、唐太宗定天下时，年方少，计身老则诸功臣已皆衰殁。宋太祖年虽长，而恃有弟可以驭群臣，故皆务保全。至明祖则起事虽早，而天下大定，则年已六十余，懿文太子柔仁，孙更孱弱，遂不得不为身后之虑，是以两兴（胡、蓝）大狱，一网打尽，可以推见其心迹也。胡惟庸之死，在洪武十三年（1380年），同诛者，不过陈宁、涂节数人，至胡党之狱，则在二十三年（1390年），距惟庸死时已十余年，岂有逆首已死，同谋之人至十余年始败露者，此不过借惟庸为题，使狱词牵连诸人，为草薙禽狝之计耳。”

唯孟心史从另一角度作观察，论曰：“以国家全体而论，当开创之后，而无检制元勋宿将之力，人人挟其马上之烈以自豪，权贵纵横，民生凋敝，其国亦不可久也，功臣遭戮，千古叹汉明两祖少恩，其实亦汉明开国之功，所以能速就耳”。

然明祖之好用峻法，从若干事例解之，目的在于约束勋贵官吏，实未尝滥及平民，虽失之太决，皆抑官威以伸民枉，岂所谓刑乱国，必须用重典乎？

尤有进者，太祖出身寒微，幼年经历艰苦，于人情世故，饱经历练，其待人处事，有时显得透辟周到，可自下列一小事见之。

中山博物馆所藏太祖御笔，中有“谕第九子鲁王”原稿一件，云：“即日尔母舅武定侯（郭英）前往辽东镇守，经由登州涉海渡去，尔速差人赍宝钞五百锭，星夜赶至登州，送与作盘缠用”。

母舅以列侯身份，岂缺此五百锭盘缠？欲加恩赉，出京时太祖何不当面赏赐？迢迢千里，以此细务，谕九子鲁王去办，其用意何在？盖鲁王与郭英有舅甥之亲，而山东与辽东，又为唇齿相依之地，为尽至亲之谊，日后收守望相助之效，故有此不惮麻烦之谕，虽不免有些政治手腕的作用，然可见明太祖体验入微，设想周到，不是没有一些人情味的。

第十二章　酒色财气

荒怠糊涂之帝

明之亡，亡于崇祯，而亡国之征兆，至万历（神宗）已定。万历帝在位四十八年，历时甚久，其为政之荒怠，为史书所仅见，后此诸帝，虽尚有二十余年之回旋，而内忧外患，国不成国，在万历朝已种下不可挽救之根株。

神宗于十岁践祚，前十年为冲幼时期，首辅张居正当国，总揽大柄。居正好弄权势，倾扼同僚，而其勾结宦官冯保，又为论者所不齿。然其为政，干济可观，善用人才，喜建树，能以智驭下，人多乐为之尽力。

居正当国时期，神宗私欲尚未发露。帝之生母慈圣李太后，训帝严，每切责之。且曰："使张先生闻，奈何?"于是帝甚惮居正。居正且御经筵，为帝师，故太后以先生称之。观居正经筵之言，如敬天法祖，听言纳谏，节用爱人，亲贤臣、远小人，尤勤惕厉等语，虽神宗后来行动与此完全相背，而当时则未尝不使之有所戢敛。

万历十年（1582 年）张居正卒，帝亲操大柄，泄愤于居正之专，其后多用软熟之庸人辅政，而怠于临朝，勇于敛财，不郊不庙不朝者三十年，与外廷隔绝，唯倚阉人四出聚敛，矿使税使，毒遍天下。庸人柄政，百官多旷其职，官缺亦多不补。夷狄日强，边患日亟，懵懵如无所闻，迄四十六年（1618年）清太祖努尔哈赤公然在关外起兵，此一时期，论者称之为醉梦时期。清兵既占辽沈，明廷始有感觉，而征饷征兵，骚动天下，民穷财尽，铤而走险，流寇起而外夷交乘，明朝不可为矣。

然而神宗是个有福的帝王，一生糊涂，享年五十有八，临御天下四十八年，亡国惨祸，还要等到他孙子思宗（崇祯帝）食其苦果。

万历十七年（1589年）冬，大理评事雒于仁疏上"酒色财气"四箴，直攻神宗生活的缺失，针针见血，其言曰：

> 臣备官岁余，仅朝见陛下者三。此外唯闻圣体违和，一切免传，郊祀庙享，遣官代行，政事不亲，讲筵久辍。臣知陛下之疾，所以致此者有由也。
>
> 臣闻嗜酒则腐肠，恋色则伐性，贪财则丧志，尚气则戕生。陛下八珍在御，觞酌是耽，卜昼不定，继以长夜，此其病在嗜酒也。宠十俊以启幸门，溺郑妃靡言不听，忠谋摈斥，储位久虚，此其病在恋色也。传索帑金，括其币帛，甚且掠问宦官，有献则已，无则谴怒，李沂之疮痍未平，而张鲸之赀赂复入，此其病在贪财也。今日榜宫女，明日杖中官，罪状未明，立毙杖下，又宿怨藏怒于直臣，如范俊、姜应麟、孙如法辈，皆一绌不申，赐环无日，此其病在尚气也。
>
> 四者之病，胶绕身心，岂药石所可治。陛下溺此四者，不曰操生杀之权，人畏之而不敢言，即曰居邃密之地，人莫知而不能言，不知鼓钟于宫，声闻于外，幽独之中，指视所集。且保禄全躯之士，可以威权惧之，若怀守忠义者，即鼎锯何避焉！臣今敢以四箴献，若陛下肯用臣言，

即立诛臣身，臣虽死犹生也，唯陛下垂察。

宠爱郑妃与妖书

雒于仁此疏，痛揭神宗酒、色、财、气四病，真所谓敢言直谏之臣。而把神宗缺失，归纳为四，综核无遗，后世读史者，如要了解此帝，有脉络可寻，本章之所以用此四字为标题也。

疏入，神宗震怒，会岁暮，留其疏十日。十八年（1590年）元旦，帝召见阁臣申时行等于毓德宫，以于仁疏授之，将置之重典，时行等委曲慰解，见帝意不可回，乃曰："此疏不可发外，恐外人信以为真，愿陛下曲赐优容，臣等即传谕寺卿，令于仁去位可也"。帝乃颔之。居数日，于仁引疾，遂斥为民。

于仁疏之留中，孟心史以为此例一开，对国事造成无穷恶果。其言曰：

> 由雒于仁疏，可见帝之昏惰，申时行遇事迁就，以成其过。留中之例开，言路无所施其匡救。于是庙堂诤议，与君国不生效力，唯在臣僚间自为恩怨，朋党分歧，言论庞杂，任事者无所措手，其始公卿仰台谏之鼻息，其后清室日强，边氛日棘，而封疆之将帅，亦颠踬于党国之交哄，其习惯皆此时所酿成也。

请先谈于仁疏中所指神宗"溺郑妃"之事。

郑妃于万历初入宫，封贵妃，十四年（1586年）生子常洵，进封皇贵妃，妃有殊宠。

在先，神宗私幸慈宁宫人王氏，生长子常洛。有娠而未分娩以前，神宗讳之，左右亦无敢言者，后神宗之母慈圣太后知之，命取内廷《起居注》示帝，且好语曰："吾老矣，犹未有孙，果男者宗社福也。母以子贵，宁分差等耶?"

于是封王氏为恭妃，神宗虽以母命承认皇长子，然对恭妃不过一时冲动，播下种子，而并无好感。及郑妃生常洵，进封皇贵妃，生长子之恭妃则不进封。神宗迟不立储，中外咸谓帝将废长而立爱矣。

臣下纷纷谏言，请立储，帝厌苦之，不听，言者且多获罪降官，甚或遭梃杖除名者。迟回十余年，至二十九年（1601 年）皇长子常洛年二十，大约神宗顾虑到祖宗家法，以及清议的压力，于是决定册立与冠婚之礼并行。临时复令改期，阁臣封还谕旨力争。帝不得已。于是年十月己卯，立常洛为皇太子，而封郑贵妃子常洵为福王。福王婚费至三十万，营洛阳邸第，至二十八万，十倍常制。嗣是王仍留京师，并不到洛阳封地。

郑贵妃并非没有欲己子为皇储的野心，于是夺嫡之疑时起，至二十六(1598 年）及三十一年（1603 年）而有妖书之狱。

先是，刑部侍郎吕坤，撰《闺范图说》，太监陈矩见之，购以进帝，帝赐郑贵妃，妃重刻之，与原作者吕坤毫无关系。二十六年秋，有人匿名撰《闺范图说跋》，名曰《忧危竑议》，盛传京师。跋文谓坤书首载汉明德马后，由宫人进位中宫，意以指郑妃，而郑妃之刊刻，实借此为立己子之据。盖不慊于吕坤之人，曲解吕坤著作，以匿名妖言，欲以陷害吕坤。帝重谪嫌疑二官员，而置妖言不问，事遂寝。

越五年，三十一年冬，复有《续忧危竑议》出，是时太子常洛已立，大学士朱赓得此书以闻。书中所写，托郑福成为问答。郑福成者，暗指郑氏所生福王当成也。略言帝立东宫，出于不得已，他日必当更易。其用朱赓为内阁者，赓更同音，寓更易之意，词尤诡妄，时称妖书。帝敕有司大索奸人。

户部尚书沈一贯与礼部侍郎郭正域及吏部侍郎沈鲤相嫌，欲因是陷之，卒不能得。正域曾为太子讲官，太子乃曰：“何为欲杀我好讲官？”冤狱未成，其后东厂捕获妖人皦生光，磔之以了案。

巫蛊与梃击

妖书之案，仅借郑贵妃与福王夺嫡之风闻，朝臣朋党倾陷，而妃实并未参加，但至四十一年（1613 年）之“巫蛊案”及四十三年（1615 年）“梃击案”，则妃之嫌疑昭然若揭。

四十一年，锦衣百户王曰乾告变，攻讦郑贵妃内传姜岩山等，用厌胜术，诅皇太后及皇太子，欲拥立福王。帝震怒，大学士叶向高劝帝以静处之，而速福王之藩，以息群言，帝从其言，事乃寝。

又明年，乃有“梃击”之案。四十三年五月，时太子居慈庆宫，有不知姓名男子，持枣木梃入宫门，击伤守门内侍李鉴，至殿前檐下被执。皇太子奏闻，帝命法司案问。巡视皇城御史刘廷元鞫奏：犯民张差，蓟州井儿峪人，按其迹若涉疯癫，稽其貌实系黠猾，请下法司严询。

时东宫虽久定，帝待之薄，中外方疑郑贵妃与弟国泰谋，危太子，及张差被执，举朝惊骇。

刘廷元既以疯癫奏，刑部郎中胡士相等复讯，一如廷元言，按律当斩，加等立决。

奏定未上，提牢主事王之寀暗结张差，言由内侍引道，得口词甚悉。之寀备揭其语，因侍郎张问达以闻。疏未及下，廷臣连章促之。而郎中陆大受疏，有“奸戚”字，帝恶之，与之寀疏俱不报。

御史过庭训言：祸生肘腋，宜即剪除。大学士方从哲、吴道南，斥之寀言谬，请详审。于是庭训移文蓟州踪迹之，知州戚廷龄具言致癫始末，符原勘，遂以疯癫为定案。

越数日，张问达以员外郎陆梦龙言，令十三司会鞫，众咸嗫嚅，梦龙独详讯之。谓系内监庞保、刘成主使，刑部乃行文蓟州道，提张差所供马三道等，疏请法司提庞保、刘成对质。庞刘皆郑贵妃内侍，中外籍籍，语侵妃弟郑国泰。国泰惧，出揭自白。给事中何士晋直攻国泰，且侵贵妃。

疏入，上大怒，然不能无心动。盖往年王曰乾上变言巫蛊事，辞连刘成，至是复涉成，乃谕贵妃善为计。

妃窘，乞哀皇太子，自明无他。帝令太子白之廷臣，太子亦以事连贵妃，大惧，请帝速具狱，毋株连。帝乃于慈宁宫召大学士方从哲、吴道南，及文武诸臣入见，因执太子手，谓者臣曰：

“此儿极孝，朕极爱，使朕有别意，何不早更置，外臣何意，辄以浮言间朕父子耶？”因命诸侍引三皇孙至石级上，命诸臣熟视曰：“朕诸孙俱已长成，更何说！”顾问太子，有何语，与内臣悉言无隐。

太子具言疯癫之人，宜速决。并责诸臣言：“我父子何等亲爱，而外廷议论纷如，尔等为无君之臣，使我为不孝之子。”

帝复谓诸臣曰：“尔等听皇太子语否？”申谕再三，诸臣始叩首出。帝不见群臣已二十五年矣。

帝谕三法司，张差以疯癫奸徒，闯入东宫，持梃伤人，罪在不赦，因命决差于市。内官庞保、刘成，帝以涉郑贵妃，潜毙之于内，言皆以创重身死，马三道等五人，命从轻发落，坐流配。时帝意在调护贵妃及太子，念事似有迹，故于诸言官，亦不遽罪，未几，王之寀削籍，陆大受夺官。

多藏厚亡

梃击案发生于四十三年（1615 年），而福王常洵早于前一年，四十二年（1614 年）春赴洛阳到藩。

常洵，于二十九年（1601 年）封福王，至此已十有二年。初，洛阳邸第以二十八万造成，福王久不之国，廷臣请王之国者数十百奏，帝皆不报。四十一年（1613 年）春，复交章请，大学士叶向高争之尤力，帝始以明春为期。后复传旨庄田非四万顷不可。

向高言：各直省田地，大郡方有四万顷，少者止一二万，祖宗以来，封国不少，使亲王各割一大郡，天下田土已尽，非但百姓无田，朝廷亦无田矣。况圣子神孙，源源未已乎？又言，福王庄田必定四万顷，则之国无日，岂不失信于天下。

会巫蛊事起，为洗刷贵妃及福王奇嫡嫌疑，帝纳向高之言，命福王于四十二年二月赴洛阳。

庄田事帝谕以福王奏辞，减半给二万顷，中州腴土不足，以山东湖广田益之。王复乞故大学士张居正所没产，及江都至太平沿江荻洲杂税，并四川盐井榷茶银以自益。伴读、承奉等官，假履亩为名，乘传出河南北、齐楚间，所至骚动。地方大吏疏言中使诸人不法状，俱不报。

福王临行，出宫门，帝召还数四，期以三岁一入朝。先是，海内全盛，帝所遣税使矿使遍天下，月有进奉，明珠异宝，文毳锦绮山积，其他搜刮羸羡亿万计，至是多以赀福王。

王又请淮盐千三百引，设店洛阳，与民市。中使至淮扬支盐，乾没要求辄数倍。中州旧食河东盐，以改食淮扬盐故，禁非王肆所出不得鬻，河东引遏不行，边饷由此绌。廷臣请改给王盐于河东，且毋与民市，弗听。

叶向高言："以藩国之尊，下侵商贾之事，差官支取，滋夹带之奸，定价贸易，无两平之理，由是河东课亏，豫民食贵，公私交困。"疏上，不报。

以上大体均据《明史》，史又云：帝深居久，群臣章奏，率不省，独福藩使通籍中左门，一日数请，朝上夕报可。四方奸人亡命，探风旨，走利如鹜。福王日闭阁饮醇酒，所好唯妇女倡乐。

后至崇祯朝，秦中流贼起，河南大旱，且蝗，人相食，民间籍籍，谓"先帝耗天下以肥王，洛阳富于大内"。援兵过洛者，喧言"王府金钱百万，而令吾辈枵腹死贼手！"南京兵部尚书吕维祺方家居，闻之惧，以利害告王，王不以为意。

崇祯十四年（1641 年）正月，李自成攻洛阳，有营官勾贼，夜半开北门纳贼，福王缒城出，匿一佛寺，翌日贼迹而执之。杀福王，自成兵汋王血，杂鹿醢食之，名曰福禄酒。

神宗因爱郑贵妃，尤爱此子福王，溺之甚，多藏而厚亡，结局也十分惨酷。但福王的贪财，则甚有父风，下面请谈神宗的贪财故事。

矿税二监荼毒天下

天子富有天下，物质需要何求而不得，帝王贪财聚敛，似乎是不必要的，然而神宗不然。

神宗好货，最初暴露于张居正死后。居正初殁，尚饰终如礼，后其所勾结交好的太监冯保，为人所控，且及居正，指两人交结恣横，且谓宝藏逾天府。先谪冯保奉御居南京，尽籍其家，金银珠宝钜万计。帝益疑居正多蓄，心颇艳之。

帝旋命司礼太监张诚等籍居正家。诚等将赴居正原籍江陵，守令先期录人口，锢其门，子女多遁避空室中，比门启，饿死者十余人。诚等尽发其诸子及兄弟藏，得黄金万两，白金十余万两。其长子礼部主事敬修，不胜刑，自诬服，供寄三十万金于戚友家，寻缢死。事闻，申时行等与六卿疏请少缓之。诏留空宅一所，田十顷，赡其母，言者复攻居正不已，诏尽削居正官秩，夺前所赐玺书，四代诰命，以罪状示天下，谓当剖棺戮尸，而姑免之。

籍居正后十余年，展开大举搜刮民财之行动。孟心史曰："帝（神宗）置朝事不问矣，谓即朝无一事乎？则又非也，行政之事可无，敛财之事，则无奇不有。帝之敛钱，皆用内监。"

赵翼钩稽明史，在札记中作综合叙述，节引之，并略加补充：

万历中，有房山民史锦，易州民周言等，言阜平、房山各有矿砂，请遣官开采，以大学士申时行言而止。后言矿者争走阙下，帝命中官为矿监，分赴各地开采，盖自二十四年（1596 年）始，矿监之扰民，在于编富民为矿头，驱平民为矿工，于是万民失业。

二十七年（1599 年）又于通都大邑，增设税监，矿税两监遍天下。两淮又有盐监，广东又有珠监，或专或兼，大珰小监，纵横绎骚，吸髓饮血，天下咸被其害矣。

此辈中最横者，有陈增、马堂、陈奉、高淮、梁永、杨荣等。

陈增开采山东，兼征东昌税，纵其党程守训等，大作奸币，称奉密旨搜金宝，募人告密，诬大商巨室藏违禁物，所破灭什百家，杀人莫敢问。凡肆恶山东者十年。

马堂，天津税监，兼辖临清。始至，诸亡命从者数百人，白书手银铛，夺人财，抗者以违禁罪之。仆告主者，畀以十之三。破家者大半，远近罢市。州民万余，纵火焚堂署，毙其党三十七人，皆黥臂诸窃犯。事闻，诏捕首恶，株连甚众。

陈奉征荆州店税，兼采兴国州矿砂，鞭笞官吏，剽劫行旅，商民恨刺骨，伺其出，数千人竞掷瓦石击之。至武昌，其党直入民家，奸淫妇女，或掠入税监署中，士民公愤，甘与陈奉同死，抚按三司护之始免。已而汉口、黄州、襄阳、宝庆、德安、湘潭等处，民变者凡十起。武昌民恨之切齿，誓必杀奉，奉逃匿楚王府，众乃投其党十六人于江。

高淮采矿，征税辽东，搜刮士民财数十万，虐民激变。

梁永征税陕西，尽发历代陵寝，搜摸金玉，纵诸亡命，旁行劫掠，所至邑令皆逃。

杨荣为云南税监，肆行威虐，百姓恨荣入骨，焚税厂，且焚杨荣第，杀之，投火中，并杀其党二百余人。帝闻，为之不食者累日。

上述数人，其最著者也。他如江西矿监潘相，苏杭织造太监孙隆，福建税监高寀，皆为民害，不胜枚举。

此辈纵横天下，吸髓饮血之大小太监，大都穷凶极恶，而搜刮所得，先以自肥，奉宫廷者十不及一。帝以溺郑贵妃故，矿税诸监，率结郑氏，以妃为内主，则神宗的贪财，又为恋色的延伸。

明实亡于万历

谏请停矿税二监之疏，以凤阳巡抚李三才言之最为痛切，其言略曰：

“自矿税繁兴，万民失业。陛下为斯民主，不唯不衣之，且并其衣而夺之，不唯不食之，且并其食而夺之。征榷之使，急于星火，搜刮之令，密如牛毛……上下相争，唯利是问。……昨（有人）自楚来云：彼中内使沿途掘坟，得财方止。圣心安乎，不安乎？且一人之心，千万人之心也。皇上爱珠玉，人亦爱温饱；皇上爱万世，人亦恋妻孥。奈何皇上欲黄镐于北斗，而不使百姓有糠粃升斗之储？皇上欲为子孙千万年，而不使百姓有一朝一夕？试观往籍，朝廷有如此政令，天下有如此景像，而不乱者哉?”疏上，不报。

矿使税使之荼毒天下，廷臣章疏请罢者当不独李三才而已，神宗一律予以不理，而诸税监有所奏，朝上夕报可，被劾者帝无不曲护之，于是诸税监益骄，所至肆暴，民不聊生，随地激变。迨帝崩，始用遗诏罢之，而流毒已遍天下，是故论者谓明之亡，不亡于崇祯而亡于万历也。

神宗荒怠，更有一怪异现象，即晚年之官缺而不补。赵翼云：旧制，给事中五十余员，御史百余员。至是六科止四人，而五科印无所属。十三道只五人，一人领数职。六部堂官，仅四五人，都御史数年空署。督抚监司亦屡缺不补。诏狱诸囚，以理刑无人，不决，遣家属聚号长安门。职业尽弛，上下解体。

内阁亦只方从哲一人，从哲请增阁员，帝以一人足办，不增置。从哲坚卧四十余日，阁中虚无人。

外官不补，废事病民为尤甚，御史王以时奏言地方官缺之害，曰：“藩司臬司等官，职掌各有攸司，每遇员缺，则抚按必择近便者一人，使之摄理，职钱谷而摄军屯，职兵戎而摄盐马，夙昔未能娴习，旦夕岂能旁通，颠末未暇究心，晷刻难于判发，聪明少有未遍，宁免乖误，才力稍有不同，辄形愆谬，舞文者乘此弄其机械，玩法者藉以恣其渔侵。……至于郡县守令，最为亲民，民之倚命于守令，不啻赤子于其乳母，使郡县而可缺官，则是赤子而可断乳也，使守令而使常署摄，则是赤子而可终岁寄养也。盖专官如柙匮之典守，故任劳任怨而不辞，摄职若传舍之经过，谁肯竭心力以从事。”

以时乞请推补。凡逆耳之言，神宗厌其扰聒，唯一的处理办法：置之不理。

第十三章　文字之狱

庄廷鑨私史案

古代专制帝王，为了巩固政权，建立威严，于是有文字之狱，后世的所谓思想与言论自由，他们是不知道的。读前述明太祖故事，为了一字一语之微，不惜以重典处置触犯忌讳之人。清入主中国之初，对汉人尚取怀柔，待统治稍稍稳定，康熙、雍正、乾隆三朝，文字之狱，层见叠出，罗织之惨，株连之众，有时且刑及死尸，为历来所少见。文字之狱，由帝王最后裁决，不仅与他们的政府生活有关，且与他们的心理和个人态度亦有很多牵连。

有人说，清代为了消除满汉畛域，防闲民族意识之鼓吹，故以重典诛戮，然而清初罹祸之人，未必都是深明大义之人，有些不过是沽名盗誉的乡曲小孺，著书立说，文字不谨，为帝王抓住把柄，构成冤滥之狱。康熙二年（1663年）结案的庄廷鑨一狱，即为其例。

我国古时，不贵财货，往往把富人视作俗物。于是有些富人，不惜用种种手段，附庸风雅，洗刷他们的俗气。欺世盗誉，甚至还想垂名后世。清初浙江南浔富人庄廷鑨，即为此类的典型人物。他以明阁臣朱国桢所著《明史稿》，剽窃列传部分，略有增损，改为《明书》，冒为自己的著作。请曾任礼部侍郎李令哲作序。作书之时，招致若干名士捉刀编辑或参校。书中有旧稿指斥清代语，未经删削，于是触犯忌讳，造成大狱，即所谓“庄氏私史案”。案发，庄本人已死，且无后，遭“戮尸焚骨，家财籍没”。其弟廷钺，作序者、参校者、刻工及鬻书者以及连坐的地方官员等，被杀共七十余人。

被杀者之中，尚有若干名列“参校”或“参阅”，而实未与闻其事，仅为庄氏借他们的名字为号召，一如今日江湖术士刊登广告，借重名人题词或介绍，以壮声势者然。

事隔三百年，我们今天还在谈论他，庄氏垂名后世的目的是达到了，但所付代价，则极为惨重。论者对此案往往指出初清文网之密，罗织之酷，这看法是正确的。但若把庄氏视为抗清志士，不惜以文字伸张民族大义，则不免忽略了他的动机。如以他的动机来说，令人可怜亦复可笑。

此案未见《东华录》，清官书无可据。言其始末者唯有私人记载。当时顾亭林亦曾被庄氏延请，因薄其不学而去，其后得免牵涉。顾氏集中，有《书潘吴二子事》一文言私史案，其文曰：

> 庄名廷鑨，目双盲，不甚通晓古今，以史迁有左丘失明乃著《国语》之说，奋欲著书。其居邻为故阁辅朱公国桢家。朱公尝取国事及公卿志状疏草，命胥钞录，凡数十帙，未成书而卒。廷鑨得之，则招致宾客，日夜编辑为《明书》。书，冗杂不足道也。廷鑨死无子，家赀可万金。其父流涕曰：“吾三子皆已析产，独仲子死无后，吾哀其志，当先刻其书，而后为之立嗣。”遂梓行之。慕吴潘盛名，引以为重，列诸参阅姓名中。书凡百余帙，颇有忌讳语，本前人诋斥之词未经删削者。

又云：“方庄生作书时，属客延余一至其家，余薄其人不学，竟去。以是不列名，获免于难。”

全祖望《鲒埼亭集·江浙两大狱记》，言此事经过，于顾说有所补充，据云：“明相国乌程朱文恪公尝著《明史》，举大经大法者笔之，已刊行于世，未刊者为列朝诸臣传。国变后，朱氏家中落，以稿本质千金于廷鑨，廷鑨家固富，因窜名己作刻之”。

不甚通晓古今的作家

这“不甚通晓古今”的作者，他所窜窃而来的著作，顾亭林斥其“冗杂不足道”。其后因得祸如此之酷，世人为好奇而颇欲得见其书。据孟心史的考证，商务印书馆所印四部丛刊三编，中有《明史钞略》一书，曾钞集《明书》的一部分，而全书已不传。

和庄氏同时，有“榴庵”其人，榴庵其号，姓名已不可考，他是曾见庄氏全书的人，尝著《榴庵随笔》，品评庄书亦多指摘，曰：“即王阳明一传，有上下卷，共三百余页，其冗长无体裁可知矣”。

也许因为庄氏修史之名招摇过甚，而家赀富饶，动了别人觊觎之念，顺治十八年（1661 年）辛丑之春，遂为人告发。举发此案者为落职的归安知县吴之荣，欲以告讦邀功，以图起复。而《榴庵随笔》则谓吴不过想敲敲竹杠，诈些钱财。“令吴姓，故墨吏也。不过为恐吓之词，以冀升斗耳。”

吴白其事于将军松魁，魁移巡抚朱昌祚，朱牒督学胡尚衡。据《清鉴》：“廷鑨急，并纳重贿以免，乃稍易指斥语重刊之。”按顾文，私史刻在廷鑨死后，纳贿云云，想出之其父。《榴庵随笔》谓廷鑨之父，“君维即挟书入长安，草疏欲上陈，辇下诸公漫词慰遣之。时予居西村，君维归，以疏稿示余，自以为无恙矣”。

之荣初计不行，特购得初刻本，捃摭其书中悖乱之语，以达于部使者，部使者不敢隐，上之于朝，而狱成。案结于康熙二年（1663年）。松魁以下各官吏俱获罪。当时南浔另一富人朱祐明，与之荣素有怨，之荣妄指庄史序文中有称“旧史朱氏”为祐明（其实为原作者朱国桢），祐明与其五子亦被处斩。

之荣阴谋既逞，“卒以起用，并以所籍朱祐明之产给之。后仕至右佥都”。（《清鉴》）

廷鑨戮尸，《榴庵随笔》记当时情况，为他书所未见，曰：“发冢，冢前有坊，曰才高班马。棺内富丽之甚，衣寿字绛衣，颜色如生。刽以刀碎其首，脑出，溅刽喉中，立死”。脑浆溅入刽子手喉使刽立死，也许是夸张之词，为事理所不可能。满身铜臭，以别人著作篡改己名的“文偷公”，死后亦未必如此威灵显赫吧？其尸不腐，或殓以水银之类的毒药，刽子手不慎，把毒药吞了送命，当非绝不可能。

乞正典刑以维世道

庄氏篡名沽誉，弄巧成拙，遇到察察为明的异族帝王，遭遇了令人啼笑皆非的惨祸。此一“不甚通晓古今”的富翁，如果生在后世，遭遇也许会不同。第一，有财富为后盾，求名就有了最优越的条件，没有人会问你钱是怎么来的。次之，不管你如何信口雌黄，言论自由的大幌子可为你保障。再次，著书“百余帙”，即使“冗杂不足道”，也有人封你为学者。不必待诸谀墓立坊，生前就有人赞你“才高班马”。后世也许很少顾亭林，即使有，他们世故甚深，不会“薄其学而去之”，敷衍一番，或互相标榜，岂不两获其名？

康熙朝，于庄狱后，继有沈天甫之狱，朱方旦之狱，及戴名世之狱，而以戴案为最大最著。

沈案其实是索诈案，亦因涉及文字忌讳而用极刑，如仅是索诈，也许皇帝的处分，不致如此严酷。

据萧一山《清代通史》，康熙六年（1667 年）四月，有江南人沈天甫、吕中、夏麟奇等，撰诗二卷，诡称（前明）黄尊素等百七十人作，陈济生编集，故明大学士吴甡等六人为之序。

时吴甡之子吴元莱官中书，沈天甫使夏麟奇诣元莱处，诈索财物。元莱察其书，非父手迹，控于巡城御使以闻。帝诏所司鞫讯，沈天甫等皆弃市，其被诬者不问。书未刊刻，亦已不传，有何违碍，今已不可考察，既可用以索诈，则必有清廷讳忌之语。

康熙二十一年（1682 年），翰林院侍讲学士王鸿绪疏参“楚人朱方旦，自号二眉道人，阳托修炼之名，阴挟欺世之术，广招党羽，私刻密书。其书有曰：古号为圣贤者，安知中道？中道在我山根之上，两眉之间。其徒互相标榜，有顾济宏者曰：古之尼山，今之眉山也。陆光旭则曰：孔子后二千二百余年，而有吾师眉山夫子。朱程精理而不精数，大儒之用小；老庄言道而不言功，神仙之术虚等语。皆刊书流布，蛊惑庸愚，乞正典刑，以维世道”。

旋九卿议复：朱方旦诡立邪说，煽惑愚民，诬罔悖逆，应立斩。顾济宏造刻邪书，应监候。而大将军勒尔锦前在荆州，曾匾方旦之堂曰“圣人堂”，里曰“至人里”。原任湖广巡抚张朝珍尝赠方旦“圣教帝师”匾颁亦为宗人府所题参。

圣祖（康熙帝）准朱方旦立斩之议，且牵涉勒尔锦、张朝珍，因谕大学士等曰："前勒尔锦领兵在荆州时，朕已闻此等事，曾谕彼时差去之人，朕知朱方旦系狂妄小人，军机大事，万不可听而蛊惑。又对秦遣往军前，回时路经武昌，张朝珍向对秦云：朱方旦果一奇异神人，尔宜相会，遂接见，以宾礼优待。著即据此议结。"

寻议勒尔锦现在羁禁，朝珍已死，革其世袭官衔。

戴案起因于《滇黔纪闻》

戴名世《南山集》案，发生在康熙五十年（1711年），名世处斩，株连及数百人。而此案起因于《南山集》中引述了方孝标所著《滇黔纪闻》的文字，上谕所谓"方孝标丧心病狂，倡作《滇黔纪闻》，以致戴名世摭饰其间，刊书流布，多属悖乱之语，罔识君亲大义"。

方孝标桐城人，以科第起官，历任内宏文院侍读学士，两充会试同考官。顺治十四年（1657年）丁酉江南乡试，其族人方猷为正考官，孝标弟章钺得中。场后，外间以此科取录不公，弊窦多端，物议沸腾。后世祖（顺治帝）亲定正考官处斩，方章钺等八名举子著责四十板，家属并流宁古塔，孝标与焉。寻遇赦归。

至康熙十二年（1673年），孝标有所亲某，官贵州贵阳府。孝标夙慕滇黔山水，乃往访所亲，借资游览风景。未几，吴三桂反于滇，黔抚叛附，凡外间游客之在云贵者，均被拘留。孝标佯狂不省人事，方食，忽自嚼碗厘面，坐卧不避污秽。月余，守者以为疯癫，防之稍疏，孝标乘间逸去，剃发为僧，间道反江宁。

孝标归，乃追记在黔时所闻所见，多述明末清初事，曰《滇黔纪闻》，收入生平所著《钝斋文集》中。

戴名世为孝标同乡，与孝标晚年相接。名世好史学，尤留心明代史事，网罗放矢，时访明季遗老，考求故事，互为参订，以冀后来成书，尝见方孝标所作《滇黔纪闻》，更欲作进一步之考求。其门人舒城余湛，与释犁支相晤，谈明桂王时事。犁支本为南明宫中宦者，后因桂王被杀，乃皈依释氏，改名犁支。名世闻之，乃往余湛处访问，至而犁支已去，不及相见。乃书嘱余生将所闻于犁支者，一一书示。《与余生书》中，有云：

> 吾乡方学士，有《滇黔纪闻》一篇，余六七年前，尝见之，及是而余购得此书，取犁支所言考之，以证其异同。……昔者宋之亡也，区区海岛一隅，仅如弹丸黑子，不逾时而又已灭亡，而史犹得备书其事。今以弘光之帝南京，隆武之帝闽越，永历之帝两粤、帝滇黔，地方数千里，首尾十七八年，揆以春秋之义，岂遽不如昭烈之在蜀，帝昺之在崖州？而其事渐以灭没。……余夙者之志，于明史有深痛焉。辄好问当世事，而身所与士大夫接甚少，士大夫亦无有以此为念者，又足迹未尝至四方，以故见闻颇寡，然此志未尝不时时存也。……

欲将本朝年号削除

康熙三十九年（1700 年），戴名世赴浙应姜氏之聘，为西席。四十一年（1702 年）由浙江回里，卜居南山，其门人尤云鄂为刊其文行世，名曰《南山集》。集中采方孝标所记事，而前与余湛书，亦在集中。四十四年（1705 年），名世应顺天乡试，中式。四十八年（1709 年）会试复中，殿试一甲二名，授翰林院编修，时年已五十七矣。未三年，而《南山集》之案起。

左都御使赵申乔，于康熙五十年（1711 年）据《南山集》奏参戴名世为书狂妄，奏有云："翰林院编修戴名世，妄窃文名，恃才放荡。前为诸生时，私刻文集，肆口游谈，倒置是非，事多狂悖，逞一时之私见，为不经之乱道。……识者嗤为妄人，士林责其乖谬。……似此狂诞之徒，岂容滥厕清华？臣与名世，素无嫌怨，但法纪所关，何敢徇私不言，为此特疏纠参，仰祈敕部严加议处。"

帝批云："这所参事情，该部严察，审明具奏。"

九卿议后复奏，略谓戴名世刊书流布，多属悖乱之语，罔识君亲大义，国法之所不宥，文理之所不容，云云。

刑部审问戴名世，及其他牵连人犯，录供词上奏，其中构成罪状的只有一点："我与余生书内，有方学士名，即方孝标，他作的《滇黔纪闻》，内载永历年号，我见此书，即混写悖乱之语，罪该万死。"刑部的结论，曰："戴名世书内，欲将本朝年号削除，写入永历大逆。"康熙五十一年（1712 年）正月，刑部等衙门奏拟处罪，略云：

> 察审戴名世所著《南山集》，孑遗录内，有大逆等语，应即行凌迟。已故方孝标所著《滇黔纪闻》内，亦有大逆语，应锉其尸骸。戴名世、方孝标之祖父子孙兄弟，及伯叔父兄弟之子，年十六岁以上者，俱查出解部，即行立斩。其母女妻妾姊妹，子之妻妾，十五岁以下子孙，伯叔父兄弟之子，亦俱查出，给功臣家为奴。方孝标同族人，不论服之已尽未尽，逐一严查，有职衔者，尽皆革退；除已嫁女外，子女一并即解到部，发与乌喇、宁古塔、伯都讷等处安插。汪灏、方苞为戴名世逆书作序，俱应立斩。方正玉、尤云鄂闻拿自首，应将伊等妻子一并发往宁古塔安插。编修刘岩虽不曾作序，然不将书出首，亦应革职，佥妻流三千里。

此外，如尚书韩菼，侍郎赵士麟，御史刘灏，淮阳道王英谟，庶吉士汪份等三十余人，以平日与名世论文，亦不能置身事外。康熙帝以此案牵连太众，览奏恻然，因谕："戴名世从宽免凌迟，著即处斩。方登峄、方世樵、方云旅（三人俱孝标子）从宽免死，并伊妻子充发黑龙江。此案内干连人犯，俱宽免治罪，著入旗。"案结为康熙五十二年（1713年）二月。

自号为明之遗民

雍正朝文字之狱，以曾静、吕留良一案为最大。本书前编言雍正帝夺位，约略及之，唯主题不同，语焉不详。雍正帝欲利用曾静之所谓"逆书"，根究其弟胤禩（八皇子）及胤禟（九皇子）所散布之流言，将曾静及其徒张熙免罪释放，而供出吕留良等多人，或戮尸，或斩决，曾静、张熙至乾隆朝仍遭正法，未能免于一死。

湖南靖州曾静，服膺浙人吕留良"内中国、外夷狄"，"思故明、仇满洲"之民族思想，手制"逆书"，指斥雍正帝罪状，遣其徒张熙，持谒川陕总督岳钟琪，劝同谋举事。岳钟琪拘留刑讯，究问指使之人，张熙甘死不吐。岳钟琪置之密室，佯与设誓，张熙始将曾静供出。

捕获曾静并张熙押解到京，供称："前因轻信吕留良邪说，被其蛊惑。兼闻道路浮言，愈生疑罔，致犯弥天大罪"等语，并缴呈吕留良日记，帝并令饬浙省督抚，在吕家搜得文集等书，内阁九卿等备录供词，进呈御览。

雍正七年（1729年）五月乙丑，帝谕内阁九卿等略曰：

"吕留良因考试劣等，愤弃青衿，忽追思明代，深怨本朝。后以博学鸿词荐，则诡云必死。以山林隐逸荐，则剃发为僧。按其岁月，吕留良身为本朝诸生十余年之久，乃幡然易虑，忽号为明之遗民，其日记所载称我朝，或曰清，或曰北，或曰燕，或曰彼中。”

“至于逆藩吴三桂书，亦曰清，若本朝于逆藩为邻敌者然，何其悖乱之甚乎？且吴三桂、耿精忠，乃叛逆之贼奴，人人得而诛之。吕留良于其称兵犯顺，则欣然有喜，唯恐其不成，于本朝疆宇之恢复，则怅然若失，转形于嗟叹，于忠臣之殉难，则污以过失，且闻其死而快意，不顾纲常之倒置，唯以助虐迎寇为心，不顾生民之涂炭，唯以兵连祸结为幸，何吕留良处心积虑，残忍凶暴至此极也？”

“曾静止讥及朕躬，而吕留良则上诬圣祖皇考之盛德，曾静之谤讪，由于误听流言，而吕留良之罪大恶极，诚有较曾静为倍甚者也。……”

“如吕留良之子吕葆中者，曾应举成名，蒙恩拔置鼎甲，仕列清华，其余子孙多游庠序，乃不即毁板焚书以灭其迹。且前此一念和尚谋叛之案，党羽连及吕葆中，其时逆迹早已彰著，蒙圣祖仁皇帝如天之仁，免其究问，而吕葆中遂忧惧而死。就常情而论，吕葆中之兄弟子孙，遇如此惊危险祸，且荷蒙圣祖仁皇帝如此高厚洪恩，尤当感激悔悟，共思掩覆前非，以为幸逃诛殛之计，岂料冥顽悍骜，习与性成，仍复抱守遗编，深藏笥箧，此固吕留良以逆乱为其家传，故世恶相承，罔知警惕。……”

“曾静逆书，朕已洞悉，知外间之逆党颇众，竟有散布讹言，希图构乱者。然其所诋，惟朕之一身，朕可以己意自为判定归结。若如吕留良之罪大恶极……应将已故逆贼吕留良及现在子孙嫡亲兄弟子侄，照何定例治罪之处，著九卿翰詹科道会议，直省督抚两司，秉公各抒己见，详核定议具奏。”

荒山穷谷犬吠鸮鸣

雍正八年（1730年）十二月，刑部等衙门会议，奏："吕留良应锉尸枭示，财产入官。伊子吕葆中曾叨仕籍，世恶相济，亦应锉尸枭示。吕毅中应拟斩立决。伊子孙并兄弟伯叔兄弟之子，及妻妾姊妹，子之妻妾，应行文该督查明按律完结，并行知各省府州县，将大逆吕留良所著文集、诗集、日记及他书，已经刊刷及抄录者，于文到日出示遍谕，勒限一年，尽行焚毁。"后得旨照拟定案。

先是，讯鞫吕案时，株连及于严鸿逵及其徒沈在宽，七年（1729年）六月宣布严、沈罪状，指二人为吕留良之逆党。

上谕略云：严鸿逵者，实为吕留良之羽翼，"种种丧心病狂，皆拾吕留良之唾余，而尤加幻妄，岂非凶逆成性，万死有余之逆贼乎？"

又曰：沈在宽与吕留良、严鸿逵党同叛逆，至其所著诗集有云：更无地著避秦人。又云：陆沈不必由洪水，谁为神州理旧疆？"其意欲将神州付之何人经理也？"

刑部等议奏严等应得之罪，得旨：严鸿逵著戮尸枭示，其孙发宁古塔给予披甲人为奴，沈在宽斩立决。

引出此案之曾静、张熙，虽游说岳钟琪叛乱，而曾静"逆书"中，又列举雍正帝"弑父、逼母、杀兄、屠弟、好杀、耽酒、淫色、诛忠、用奸等九大罪"，但结果却免罪释放。

雍正帝有他的政治理由，七年（1729年）十月上谕云：

朕之不行诛戮者，实有隐衷。……曾静等僻处乡村，为流言所惑，其捏造谤言之人，实系阿其那（皇弟胤禩）、塞思黑（皇弟胤禟）门下之凶徒太监等。若非因曾静之事，则谣言流布，朕何由闻知，为之明白剖晰，俾家喻户晓耶？……伊讪谤之语，有一事之实在，朕有几微不可问心之处，则不但曾静当蓄不臣之心，即天下臣民，亦应共怀离异之志。若所言字字皆虚，与朕躬毫无干涉，此不过荒山穷谷之中，偶闻犬吠鸮鸣而已，又安得谓之讪谤乎？……

今因曾静之事，而查出首先造谤之渠魁，盖以此案发觉尚早，易于追寻，故可得其根源也。且朕之宽宥曾静，非矫情好名而为此举也。曾静之过虽大，尚有可原之情……曾静之前后各供，俱系伊亲笔书写，并非有所勉强逼勒，亦并非有人隐授意指，实由天良感动，是以后悔之心，追切诚恳，形于纸笔，此乃其可原之情，而并非以为谄媚颂扬之词，而欲宽其罪也。著将曾静、张熙免罪释放。

雍正朝其他四案

隆科多、年羹尧，雍正初用为夺位羽翼，事后一一皆予灭口整肃，本书前有专章谈及。雍正初查嗣庭与汪景祺文字狱两起，虽以文字得罪，实与清除阿附隆、年者有关。

雍正四年（1726年），江西乡试正考官、礼部侍郎查嗣庭，试题曰："维民所止"，讦告者谓"维止"二字，是取"雍正"二字去其首也，狱遂起。四年九月帝谕，略云：

查嗣庭向来趋附隆科多，隆科多曾经荐举。……今阅江西试录所出题目，显露心怀怨望，讥刺时事之意，料其居心浇薄乖张，平日必有记

> 载，遣人查其寓所，及行李中，则有日记二本，悖乱荒唐、怨诽捏造之语甚多。又于圣祖仁皇帝用人行政，大事讪谤。……
>
> 热河偶然发水，则书淹死官员八百人，其余不计其数。又书雨中飞蝗蔽天。似此一派荒唐之言，皆未有之事，而伊公然造作书写。
>
> ……今若但就科场题目加以处分，则天下之人必有以查嗣庭为出于无心，偶因文字获罪，为伊称屈者，今种种实迹见在，尚有何词为之解免乎？……
>
> 查嗣庭读书之人，受朕格外擢用之恩，而伊逆天负恩，讥刺咒诅，大干法纪，著将查嗣庭革职拿问，交三法司严审定议。

查嗣庭下狱病死，诏戮其尸。

汪景祺曾在年羹尧幕中，作《读书堂西征随笔》。狱起，指其所作诗甚多悖谬语，又讥语圣祖谥法，雍正年号，又作“功臣不可为论”，以檀道济、萧懿比年羹尧，坐大逆不道罪斩枭，妻子兄弟发遣关外为奴。

雍正七年（1729年）七月，有陆生楠论史之狱，兹节引雍正帝上谕，以明此案经过。

“据顺承郡王锡保奏，在军前效力之陆生楠，细书《通鉴论》十七篇，抗愤不平之语甚多，其论封建之利，言词更属狂悖，显系诽议时政，参奏前来。……今果得陆生楠所著之书，悖逆之情，尽行败露。”

上谕且详引陆氏《通鉴论》，一一批驳，斥之为“肆意妄言，支离谬戾”，“文辞议论，险怪背谬，无理之甚”，“其逆谋发露，公然形于纸笔”。

“陆生楠罪大恶极，情无可逭，朕意欲将陆生楠于军前正法，以为人臣怀怨诬讪之戒。”

同年同月，有谢济世注释《大学》之狱，上谕略云：“据顺承郡王锡保，以在军前效力之谢济世注释《大学》，毁谤程朱。朕观谢济世所注之书，意不止毁谤程朱，乃用《大学》内见贤而不能举两节，言人君用人之道，借以抒写其怨望诽谤之私也。其注有拒谏饰非，必至拂人之性，骄泰甚矣，等语，观此则谢济世之存心，昭然可见。……谢济世以应得重罪之人，从宽令其效力，乃仍怀怨望，恣意谤讪，甚为可恶，应作何治罪之处，著九卿翰詹科道秉公定议具奏。”

胡中藻悖逆诗句

前文近述曾静、张熙为雍正帝免罪释放，但到雍正十三年（1735 年），帝崩，乾隆帝即位后之次月，仍不能放松，即颁谕旨曰：

“曾静大逆不道，虽置之极典，不足蔽其辜，乃我皇考，圣度如天，曲加宽宥。夫曾静之罪，不减于吕留良，而我皇考于吕留良，则明正典刑，于曾静则屏弃法外，以吕留良谤议及于皇祖，而曾静止及于圣躬也。今朕绍承大统，当遵皇考办理吕留良之例，明正曾静之罪。著湖广督抚，将曾静、张熙，即行锁拿。解京候审，毋得疏纵泄漏。”逮至京，杀之。

乾隆朝文字狱，亦层见迭出，择重要者叙之。

二十年（1755 年）有湖南学政胡中藻之狱。胡，广西人，翰林出身。三月十三日上谕有云：“乃尚有出身科第，名列清华，而鬼蜮为心，于语言吟咏之间，肆其悖逆，诋仙怨望，如胡中藻者，实非人类中所应有。其所刻诗，题曰《坚磨生诗钞》。坚磨出自鲁论，孔子所称磨涅，乃指佛肸而言，胡中藻以此自号，是存何心？从前查嗣庭、汪景祺、吕留良等诗文日记，谤讪诪张，大逆不道，蒙皇考申明大义，严加惩创，以正伦纪而维世道。数十年来，意谓中外臣民，咸知警惕，而不意尚有此等鸱张狺吠之胡中藻，即检阅查嗣庭等旧案，其悖逆之词，亦未有连篇累牍，至于如此之甚者。”

上谕接着摘引并驳斥所谓“悖逆”诗文，如“一把心肠论浊清”，谓其以浊字加国号之上。

又如“南斗送我南，北斗送我北”。“再汛潇湘朝北海，细看来历是如何?”“虽然北风好，难用可如何?”谓其南北分提，意何所指!

又如“一世璞谁完，吾身甑恐破”。“若能自主张，除是脱缰锁”。等句，则谓其无非怨怅。

更摘其典试所出试题，内有考经义“乾三爻不象龙说”，谓“乾隆乃朕年号，龙与隆同音，其诋毁之意可见。”

帝以文字整肃胡中藻，尚有惩儆当时大臣结为朋党之政治作用。先是，鄂尔泰与张廷玉同受雍正帝遗诏辅政，其后二人互相龃龉，朝官依附门户者，彼此攻讦，浸成仇敌，帝厌之。已而鄂尔泰卒，廷玉亦乞休，而两人门下之在朝列者，尚倾轧不已。胡中藻故鄂尔泰门人，《坚磨生诗钞》中，有“记出西林第一人”之句，又有“谗舌青蝇”之句。西林者鄂尔泰，鄂本姓西林觉罗氏，故以颂鄂。而“谗舌青蝇”，则隐斥张廷玉。

廷议体帝意，以中藻“违天叛道，覆载不容，合依大逆凌迟处死，该犯的属男十六岁以上者皆斩立决”。旋得旨改为弃市。

鄂尔泰之侄鄂昌，上谕谓其“身为满洲世仆，历任巡抚，则此悖逆之作(指胡集)，不但不知愤恨，且丧心与之唱和，其罪实不容诛”。又摘鄂昌所著《塞上吟》，中有称蒙古为胡儿句，谓其自加诋毁，丧心忘本。

鄂昌为负恩逆党，赐令自尽，并谕鄂尔泰撤出贤良祠。

“字贯”之狱

因诗得罪者，在乾隆朝尚有沈归愚及徐述夔，两人案发俱在死后，得“戮尸”处分。

长洲诗人沈德潜，字归愚，微时诗名即盛传大江南北，乾隆帝闻而慕之，乃以庶常召试，中进士，年已将七十，帝称之为老名士，召对论历代诗源流升降，大赏之，命值上书房，擢礼部侍郎，礼遇之隆，一时无两。

以德潜年力就衰，许告归。帝以御制诗十二本，委之改订，颇多删润。追德潜殁，帝命检其遗诗读之，则帝昔日所请捉刀者咸录入集中，心恶甚。又检得其《咏黑牡丹》诗，句云：“夺朱非正色，异种也称王”，以为隐含诽谤，命戮其尸。

扬州东台人徐述夔作《一柱楼诗集》，其《咏正德杯》云：“大明天子重相见，且把壶儿搁半边”，后述夔已殁，东台县令上其事，谓“壶儿”即“胡儿”也，亦含诽谤意，令剖棺戮尸，其孙等解京正法。时为乾隆四十三年(1778 年)。

前一年，有《字贯》之狱，《字贯》为删改《康熙字典》而成，于是编写字典也触文字之祸。编者王锡侯，江西人，中乡举。论者谓其不过好弄笔墨，原无菲薄清廷之意。孟心史有《〈字贯〉案》一文，谓《字贯》后已不传，唯曾读其另一书曰《经史镜》，此书“义理粗鄙，殆为中人以下说法，简端胪列师友姓名，或称鉴阅，或称参阅，而以庚午（乾隆十五年，即锡侯乡举之年）乡试主司钱（陈群）史（贻谟）姓名裒然举首，生平以一举乡试为无上之荣，两主司为不世之知己，此皆乡曲小孺气象”。

新昌县民王泷南，呈首王锡侯删改《康熙字典》，另刻《字贯》一书，经江西巡抚海成奏呈“王锡侯删改字典，实属狂妄不法，应请革去举人，以便审拟”。四十二年（1777 年）十月，帝大怒，上谕军机大臣等，略云：

> 朕初阅以为不过寻常狂诞之徒，妄行著书立说，自有应得之罪，已批交大学士九卿议奏矣。及阅其进到之书，第一本序文后凡例，竟有一篇，将圣祖、世宗庙讳及朕御名开列，深堪发指，此实大逆不道，为从来所未有之事，罪不容诛，即应照大逆律问拟，以申国法而快人心。乃海成仅请革去举人审拟，实大错谬，是何言耶？
>
> 海成既办此案，岂有原书竟未寓目，率凭庸陋幕友随意黏签，不复亲自检阅之理？况此篇乃书前第十页，开卷即见，海城岂双眼无珠，茫然不见耶？抑见之毫不为异，视为漠然耶？所谓人臣尊君敬上之心安在？而于乱臣贼子，人人得而诛之义又安在？……
>
> 海成实属天良尽昧，负朕委任之恩，著传旨严行申饬。至王锡侯身为举人，乃敢狂悖如此，必系久困潦倒，胸多牢骚，故吐露于笔墨，其平时所作诗文，尚不知作何讪谤！……著海成即速亲身驰往该犯家内，详细搜查，将所有不法书籍字迹，即行封固进呈。若再不详查，或有隐饰，是与大逆同党矣。一面选派妥干大员，将该犯王锡侯速锁押解京，交刑部严审治罪，”云云。

解京严审后，王锡侯正法，海成既江西藩臬各司，均以失察革职，交刑部治罪。钱陈群序锡侯所撰之《经史镜》，史贻谟序《王氏家谱》，俱因已故而奉毋庸深究之谕，谕并云：“使伊二人尚在，自当向其究问”。

乾隆三十二年（1767 年）五月，《闲闲录》狱起。《闲闲录》者，举人蔡显作也。蔡，娄东人，娄东为江南松江府一县，以名孝廉，闭户著书，不求仕进。录中有叙戴名世以《南山集》弃市等语，谓其意涉怨谤。又所作诗有“风雨从所好，南北杳难分”句，又，《题友袈裟照》云：“莫教行化乌肠国，风雨龙王行怒嗔”句，谓其隐约怨悱，情罪甚重，刑臣拟以凌迟，改斩决，年已逾七十。其门人株连遣戍者二十四人，妾朱氏，子三人，长曰必昭，亦遣戍。

蔡获罪之文字，在今日观之，并无大碍，然当时文网之密，告讦之盛，更甚于康雍二朝。上述《南山集》一案，既为事实，何得谓之怨谤？然帝意不欲有人提及，提及便为罪耳。而“风雨怒嗔”之句，不过谓时多忌讳，慎勿触犯。不料因之罹杀身之祸，可见刑狱之滥，然蔡显既知龙王怒嗔之威而仍蹈之，明于事理，昧于自卫，可怜亦复可悲。孟心史论曰：“实则草昧之国，无法律之保障，人皆有重足之苦，无怪乾、嘉士大夫，屏弃百务，专以校勘考据为业，借以销磨其文字之兴，冀免指摘于一时，盖亦扪舌括囊之道矣。专制之可畏如此！”

第十四章　十香艳词

王鼎《焚椒录》

十一世纪，辽道宗宫中发生宣懿皇后萧氏冤死事。权臣耶律乙辛，因与后母家政治上的倾轧，伪造证据，诬后淫乱，阴谋陷害，而颟顸的道宗，竟信以为真，赐后自经死。后所生子已立为太子，亦被谋杀。后来帝悟耶律乙辛之奸，杀之。然道宗信谗杀妻弃子，骨肉惨变的悲剧，则早已造成。

这故事不仅哀惨，而情节亦甚为离奇而戏剧化，就笔者所知，南北曲及皮黄戏，都不曾采用它编为剧本，大约因为契丹称帝的辽朝，其事迹虽在“二十四史”中列为正史，但此一外族王朝，仅割据北方，其故事不为中原人士所瞩目，然谈帝王生活，宣懿皇后之事，实系绝妙的素材。

当代史家姚从吾教授，邃于辽金元史，十年前尝写专文述宣懿后冤狱，并论其所以发生的文化背景（发表于《台湾大学文史哲学报》），钩稽辽史及当时人王鼎所著《焚椒录》，考证详赡，以为这是“契丹文化”与“中原汉唐文化”接触时期，“阴错阳差”才会发生的冤狱，颇能把握历史契机，作中肯解释，本篇多采姚氏专文的论述。

此案的伪证《十香词》，见王鼎《焚椒录》，词粗鄙丑秽，有失雅驯，且曾诱宣懿后亲笔书写，当于后文详之，然为治史举证，不能不先录此词，以明关键，词云：

一、青丝七尺长，挽出内嫁妆。不知眠枕上，倍觉绿云香。

二、红绡一幅强，轻阑白玉光。试开胸探取，尤比颤酥香。

三、芙蓉失新艳，莲花落故妆。两般总堪比，何似粉腮香？

四、蝤蛴那足并，长须学凤凰。昨霄欢臂上，应惹领边香。

五、和羹好滋味，道语出宫商。定知郎口内，含有暖甘香。

六、非关兼酒气，不是口脂芳。却疑花解语，风送过来香。

七、既摘上林蕊，还亲御苑桑。归来便携手，纤纤春笋香。

八、凤鞵抛合缝，罗袜卸轻霜。谁将暖白玉，雕出软钩香。

九、解带色已战，触手心愈忙。那识罗裙内，消魂别有香。

十、咳唾千花酿，肌肤百和装。元非啖沉水，生得满身香。

若非《焚椒录》载有此词，今已不可得见。《焚椒录》作者王鼎，字虚中，涿州人，是一个汉族学者，幼勤学，博通经史，辽道宗清宁八年（1062年）中进士，累迁翰林学士。寿昌初（1095年）陞观书殿学士。因醉，怨上不知已。事发下吏杖黥，夺官，流镇州可敦城（在外蒙古鄂尔昆河附近）。居数岁，召还。《焚椒录》作于可敦城的流放时期，是书自序有云：

> 鼎于咸太（道宗咸雍及太康，1065－1084年）之际方侍禁近，会有懿德（后改谥宣懿）皇后之变，一时北南面官（指南北枢密院）悉以异说赴权，互为证足，遂使懿德蒙被淫丑，不可湔浣。嗟嗟！大黑蔽天，白日不照，其能户说以相白乎？鼎妇乳媪之女蒙哥，为耶律乙辛宠婢，知其奸媾最详。而萧司徒复为鼎道其始末，更有加于媪者，因相与执手，

叹其冤诬，至为涕淫淫下也。观变以来，忽复数载。顷以待罪可敦城，去乡数千里，视日如岁，触景兴怀，旧感来集，乃直书其事，用俟后之良史。若夫少海翻波，变为险陆，则有司徒公之实录在。

所谓《萧司徒实录》，今已不传，唯王鼎此书，《宝颜堂秘笈》收之，厉鹗《辽史拾遗录》有全文，《四库全书总目提要》杂史类，《焚椒录》条下，云“是书记道宗懿德（宣懿）皇后萧氏为奸臣耶律乙辛构陷事”。王鼎之记，使后世学者，考宣懿事有此直接资料，幸也。

从宠爱到疏远

道宗宣懿皇后萧氏，小字观音，钦哀皇后弟南院枢密使萧惠之少女。钦哀皇后为圣宗后，兴宗生母，而道宗的祖母。如以亲戚行辈言，实比道宗长一辈，塞外游牧民族的婚媾是不论行辈的。宣懿幼能诵诗，旁及经子。契丹虽自有语言文字，而接受中原文化，王室和贵族大都识汉文，能诵中国诗书。

观音既长，姿容端丽，为萧氏诸女冠，皆以“观音”目之，因自号焉。后工诗，擅书法，善谈论，能自制歌曲，喜弹筝，尤擅琵琶。兴宗重熙二十二年（1053 年），时道宗任燕赵国王，为天下兵马大元帅，慕后贤淑，纳为妃。道宗粗通汉文，亦喜诗歌，由是爱幸。重熙二十四年（1055 年）兴宗崩，道宗继立为辽帝，改元清宁，册立妃为皇后。清宁四年（1058 年）生皇子濬，恩爱周备，有专房之宠。

皇子濬，即后之昭怀太子，幼而能言，好学知书，道宗深爱之，六岁封梁王。十年（1064 年）梁王七岁，从帝猎，连发三矢皆中。道宗顾群臣曰：“腾祖宗以来，骑射绝人，威震天下，是儿虽幼，不坠祖风。”明年，咸雍元年（1065年），立为皇太子。

先是，清宁九年（1063年）发生了宫廷的夺位斗争，皇太叔耶律重元与子涅鲁古谋篡帝位，突袭道宗滦河行帐，权臣耶律乙辛，平乱有功，深得君心，由是专权用事。而与宣懿之族因争权相水火。

道宗，在辽朝九帝中已居第八帝，其后再历天祚帝而辽亡。道宗朝已自久安而转入萎靡时代，史称其"武断严酷，法令不明"，当时受贿鬻狱，习为当然。道宗"愚黯而固执任性，冲动易怒"。耶律乙辛狡黠奸诈，有计谋，既立平乱之功，乃益利用道宗的弱点，结其欢心，宠眷日隆，言听计从，权位日重，势焰猖獗。

宣懿后既有中国文化的素养，在与道宗笃爱时期，喜于帝前称引古今，谏阻驰猎，陈说时政得失，渐与道宗意见相左，以故咸雍之末（1074年）帝遂稀幸御。就《辽史》纪传各种迹象言，在咸雍五年（1069年）以前，为道宗与宣懿爱情美满时期。从六年（1070年）到太康元年（1075年），这五六年间，宫廷感情，逐渐恶化。宣懿后的谏诤，使帝心厌烦，加以夫妇久处，责难既多，爱怜日少，积久情疏，怨言易起，故咸雍之末，道宗与宣懿会见逐稀。

有一事，可见宣懿后于闺中女德观念，颇受中原文化之影响。在皇太叔重元未叛之前，清宁四年（1058年）后生皇子濬，皇太叔重元妃入贺，流目送媚，后语之曰："贵家妇宜以庄临下，何必如此！"妃衔之，归骂其夫重元曰："汝是圣宗儿，岂虎斯不若？（虎斯为道宗小名），使教坊奴得以可敦（突厥训皇后曰可敦，辽及元俱用之）之态加我，汝若有志，当除此帐，笞挞此婢。"

于是重元父子合定叛谋，重元妇与宣懿后有此龃龉，《焚椒录》言之，

《辽史》后传亦有同样记载，当为重元叛变触发的原因之一。虽宣懿重妇德，然亦可见其爽直不能容物，忤人以锐利批评，易结怨尤，岂其不得善终之一因乎？

赵惟一弹《回心院词》

宣懿后既好音乐，伶官赵惟一因善筝得侍左右。这是契丹民族与中原礼俗绝大不同之点，辽朝宫闱不肃，男性的乐工或伶人可与帝后相接，共玩乐，不像中原宫中，男女界限甚严，宫眷所接触者惟宦官，男性的伶工乐官虽能在后妃前演奏，然樊篱严格，没有直接穿房入户的机会。

后渐被道宗疏远，心甚悲伤，因作长短句，曰：《回心院词》，并使被之管弦，以寓希帝回心望幸之意，词凡十首，曰：

一、扫深殿，闭久金铺暗。游丝络网尘作堆，积岁青苔厚阶面。扫深殿，待君宴。

二、拂象床，凭梦借高唐。敲坏半边知妾卧，恰当天处少辉光。拂象床，待君王。

三、换香枕，一半无云锦。为是秋来转辗多，更有双双泪痕渗。换香枕，待君寝。

四、铺翠被，羞杀鸳鸯对。犹忆当时叫合欢，而今独覆相思块。铺翠被，待君睡。

五、装绣帐，金钩未敢上。解却四角夜光珠，不敢照见愁模样。装绣帐，待君贶。

六、叠锦茵，重重空自陈。只愿身当白玉体，不愿伊当薄命人。叠锦茵，待君临。

七、展瑶席，花笑三韩碧。笑妾新铺玉一床，从来妇欢不终夕。展瑶席，待君息。

八、剔银灯，须知一样明。偏是君来生彩晕，对妾故作青荧荧。剔银灯，待君行。

九、爇薰炉，能将孤闷苏。若道妾身多秽贱，自沾御香香彻肤。爇薰炉，待君娱。

十、张鸣筝，恰恰语娇莺。一从弹作房中曲，常和窗前风雨声。张鸣筝。待君听。

词意极缠绵，时诸伶人中能弹奏此词者，仅赵惟一最为美好，于是惟一更多了接近皇后的机会。

赵惟一在契丹习俗下，与后以音乐相接近，宫中不免遂有流言。后死于太康元年（1075年），时年三十六，则在咸雍年间，年仅三十左右，道宗内宠非一，后又逐渐疏远，就人情推测，后既多情，在旷怨的状况之下，与赵惟一或有暧昧，亦非绝对不可能。

或者仅是流言，但给了耶律乙辛一个构陷的好机会，盖乙辛与后族争权，轧倾不相上下，及至咸雍初，后子梁王濬被册立为太子，乙辛私惧，益蓄奸谋为图后之计。及太康元年（1075年）皇太子得预朝政，法度修明，乙辛益忌，谋后与太子之心益切。遂有制造伪证，而成“《十香词》之狱”。

“小猛蛇”与“真懒龙”

耶律乙辛欲构陷皇后，深知徒托空言，不佐以实证，则内不足以激道宗之怒，外无以服众人之口。恰好有一宫婢单登与宣懿后有怨，遂利用此婢，以完成伪证的制造。

宫婢单登，故叛王耶律重元家婢，重元败，没入宫廷，亦善筝及琵琶，每与赵惟一争能，怨后不知己。惟一以演奏《回心院词》，得后欢心，登愈不能平。后为宽解计，乃召登对弹辽大曲，“四旦二十八调”，皆不及后，登愧耻，拜服。

于时，道宗尝召单登弹筝，后知之，出而谏阻，曰：“此叛家婢，女中独无豫让乎？安得轻近御前。”以是遣登值外别院，单登益怨。

单登有妹曰清子，嫁为教坊朱顶鹤妻，方为耶律乙辛所亲昵。登既嫉后，心蓄怨恨，每身清子言，后与赵惟一私通。

乙辛欲图后，因少诬陷实证，乃命人作《十香词》一篇（见前），阴嘱清子使单登乞求宣懿后手书之。

单登外值，仍得入见皇后。后擅书法，因喜挥毫。一日，登入宫，持《十香词》贻后曰：“此宋国忒里蹇（辽语皇后之义）所作，更得御书，便称二绝。”后读而乐之，即为手书一纸。纸尾，复书己作怀古绝句一首，诗云：

> 宫中只数赵家妆，败雨残云误汉王。惟有知情一片月，曾窥飞燕入昭阳。

此诗咏汉赵飞燕事，而第一及第三句，嵌有“赵惟一”三字，遂成杀身惨祸的铁证。

单登得后手书，持出交清子，因曰：“老婢淫案已得，可汗（道宗）性忌，早晚见其白练挂纷脰也。”

耶律乙辛时任北院枢密使，得后手书《十香词》，命单登、朱顶鹤赴北院陈首。乙辛乃密奏于道宗，奏本《焚椒录》载之，曰：

太康元年（1075 年）十月二十三日，据外值宫婢单登及教坊朱顶鹤陈首，本坊伶官赵惟一，一向要结本坊入内承值高长命，以弹筝、弹琵琶，得召入内帐，沐上恩宠。乃辄敢干冒禁典，谋侍懿德（宣懿）皇后。咸雍六年（1070 年）驾木叶山，惟一公称有懿德皇后旨，召入弹筝。

于时，皇后以御制《回心院曲》十首，付惟一入调。自辰至酉，调成。皇后向帘下目之，遂隔帘与惟一对弹。及昏，命传烛。又命惟一去官服，著绿巾金抹额，窄袖紫罗衫，珠带乌靴。后亦著紫金百凤衫，杏黄金缕裙，上戴百宝花髻，下穿凤花靴。召惟一更入内帐，对弹琵琶，命酒对饮，或饮或弹。

至院鼓三下，敕内侍出帐。登时当值帐外，不复闻帐内弹饮，但闻笑声，登亦心动，密从帐外听之。闻后言曰：可封有用郎君！惟一低声曰：奴具虽健，但小蛇耳，自不可敌可汗真龙。后曰：小猛蛇却胜真懒龙。此后但闻惺惺，若小儿梦中唬而已。

院鼓四下，后唤登揭帐：惟一醉不起，可为我叫醒。登叫惟一百遍，始为醒状，乃起拜辞，后赐金帛一箧，惟一谢恩而出。

其后驾还，虽时召见，不听入帐。后深怀念，因作《十香词》赐惟一。惟一持出夸示同官朱顶鹤。朱顶鹤遂手夺其词，使妇清子问登，登惧事发连坐，乘暇泣谏，后怒痛笞，遂斥外值。但朱顶鹤与登共悉此事，使含忍不言，一朝事发，安免株坐？故敢首陈，乞为转奏，以正刑诛。

臣窃惟皇帝以至德统天，化及无外，寡妻匹妇，莫不型于。今宫帐深密，忽有异言，其有关治化，良非渺小，故不忍隐讳，辄据文并手书《十香词》一首，密奏以闻。

裹后尸送还娘家

此一密奏，描写得有声有色，道宗览奏大怒，即召后对质。后痛哭力辩，曰：

> 妾托体国家，已造妇人之极。况诞育储贰，近且生孙，儿女满前，岂忍更作淫奔失行之人乎？

道宗示以《十香词》："此非汝所作手书？更复何辞？"

后曰："此宋国忒里蹇所作。妾从单登得而书赐之耳。且国家无蚕桑事，如为妾作，那得有亲桑之语？"

帝曰："诗不妨以无为有。又如词中所云合缝靴，亦非汝所著，为宋国服耶？"帝怒甚，以铁骨朵击之，后几至殒绝。

道宗下其事，命参知政事张孝杰与耶律乙辛穷治之。乙辛械系赵惟一、高长命等，以钉灼、烫错等酷刑讯鞫，迫使诬服。

乙辛、孝杰具狱上之，道宗尚犹豫，因指后书怀古诗曰："此是皇后骂赵飞燕也，如何更作《十香词》？"张孝杰进言曰："此正皇后怀赵惟一耳。"帝曰："何以见之？"孝杰曰："宫中只数赵家妆，惟有知情一片月，二句中含赵惟一三字也。"

帝意遂决，即日族诛赵惟一，并斩高长命，敕后自尽。皇太子及诸公主，咸披发流涕，乞代母死。道宗曰："朕亲临天下，臣接亿兆，而不能防闲一妇人，更何施面目，靦然南面乎？"

后乞见帝一面而死，不许，乃望帝宫而拜，以离骚体作绝命词，词成，闭宫以白练自尽。道宗怒犹未解，命裸后尸，裹以苇席，遂回萧家。

后蒙冤自尽，昭怀太子投地大呼曰：“杀吾母者耶律乙辛也。他日不门灭此贼，不为人子!”此为《焚椒录》的记载，《辽史》亦云：“及母后被害，太子有忧色。耶律乙辛为北院枢密史，常不自安。”

乙辛深知此仇，必难与太子两存，为自全计，乃深结同党，因欲并害太子。利用道宗近侍，一再诬奏太子及其附从朝臣，有逆谋。乙辛以酷刑鞫太子左右，迫令具状，奏闻，帝果大怒，下诏废太子，囚之宫中，又徙至上京，拘于圜堵。太康三年（1077 年），乙辛密遣同党萧达鲁古，诣上京，联络上京留守萧达得，共谋杀太子。萧达得等夜引力士至囚室，诈云有赦诏，召太子，太子出，即共杀之，毁其尸，函其首以归。萧达得奏帝，给以疾薨。

皇太子死，时年二十，乙辛与其党大喜，聚饮数日，道宗微闻之，不悦。论者曰：道宗虽昏庸，以冲动及嫉妒心理逼杀皇后，而太子之死，实非所愿。《辽史》太子传云：“上闻太子死，哀悼。命有司葬之龙门山。后知其冤，悔恨无及，因谥曰昭怀太子，以天子礼改葬于玉峰山。”

道宗初欲召太子妃，询问事状。乙辛又阴遣人杀之州里以灭口。太康五年（1079 年）正月帝将出猎，乙辛奏留昭怀所遗皇孙延禧，道宗欲从，同知点检萧兀纳谏曰：“皇孙尚幼，苟保护非人，恐有他变，果留，臣请侍左右，以防不测。”帝乃悟，命皇孙随行。

帝由是疑乙辛，而渐知其奸，先降旨削其爵位，复遣之外任。太康六年（1080 年）既出乙辛，乃封孙延禧为梁王。九年（1083 年）十月，耶律乙辛谋亡入宋，及私藏甲兵，事觉，帝命缢杀之。

道宗晚年，既悟信谗杀妻及弃子之非，故对皇孙延禧备极宠爱，盖有忏悔补过之意，太康九年（1083 年）皇孙进封为燕王，大安七年（1091 年）命燕王延禧为天下兵马大元帅，总北南院枢密使事。

寿昌七年（1101 年）正月道宗崩于行宫，年七十，遗诏燕国王延禧嗣立，即辽朝最后一代的天祚帝。

道宗溺爱皇孙，反助成天祚帝之颟顸骄纵，竟至禽色俱荒，即位不到二十五年，就把辽朝的天下断送了。

第十五章　傀儡皇帝

一会儿就完了

清光绪三十四年（1908年）十二月初二日，溥仪（宣统帝）以三岁冲龄，在太和殿登基为帝，钟鼓齐鸣，百官朝贺，吓得那宝座上的小皇帝号啕大哭起来，庄严肃穆的大典，给他哭得那样凄惨，满朝文武都有些不知所措，他的父亲摄政王载沣，惶恐地屈膝跪在宝座旁边，低声哄着他说："别哭，一会儿就完了。"

"一会儿就完了"一语，竟成不吉之谶，不出三年，果然应验，辛亥革命的洪流，冲垮了他的皇位，时年六岁，使他不仅成了清朝二百六十七年统治的末代之帝，也是中国帝制史上，一个最后的君王。

清祚虽完，溥仪的苦难却没有完，而且尚在开始，直到六十一岁，1967年10月17日死于北京，一生傀儡星照命，永远为政治野心家所利用，受别人摆布，转辗于一浪又一浪，此起彼伏的苦难旋涡里。

第一个利用他的是慈禧太后。他的祖父醇亲王奕譞，为道光第七子，慈禧之夫咸丰帝的亲兄弟。咸丰帝而后，慈禧所生的同治帝，继承大统，在位仅十三年，无子而病终，慈禧为立幼可以掌握政权，乃立醇亲王四岁之子载湉，是为光绪帝。光绪帝之母，为慈禧胞妹。慈禧原意，此一血亲关系，将来必较易控制，不料光绪帝长成之后，与太后政见参商，形同水火，后来被幽禁瀛台，凡此均详本书前编《光绪帝之死》一章。

到光绪三十四年（1908 年）十月，太后与帝，均已病在垂危，光绪帝无子，太后于病榻前召诸王大臣商讨选立储君问题。太后决定载沣之子溥仪继承同治帝，兼祧光绪帝。溥仪为醇亲王奕譞之孙，醇亲王有七子，第一、第三及第四子早殇，光绪帝为第二子，载沣为第五子，即溥仪之父。而溥仪之母瓜尔佳氏，为大学士荣禄之女，荣早年，传与慈禧有过暧昧关系。遂于十月二十日，光绪帝去世的前一天，把溥仪接入宫中。

太后的私心，至死期已近，尚无丝毫改变。其召军机大臣世续、张之洞、那桐入议立储的一幕，颇可玩味，印鸾章《清鉴》言之，略云：世续曰："太后拟选储，为社稷万世计，此周文武之用心，甚盛甚盛。惟今内忧外患。交乘洊至，窃以为宜选择年长者。"太后拍床怒骂曰："此何等重事，而汝敢妄言。"张之洞曰："世续承太后垂询，约略言之，立储自宜承宸断。"太后默然良久，徐言："载沣子溥仪尚可，但年稚耳，须教之，尔等议所可者。"之洞曰："载沣懿亲贤智，使摄政当无误。"因引顺治初睿亲王辅导事证之。太后曰："得之矣，趣拟诏！"

太后胸中早有成竹，故意矫揉造作，为了一点私心，爱溥仪，实则害了他一生。

醇亲王奕譞早于光绪十六年（1890 年）卒，由载沣承袭王爵。光绪帝崩，所颁遗诏，云以溥仪入承大统，以醇亲王载沣为摄政王监国。而慈禧则死于十月二十二日，与光绪帝之死，仅隔一天。

先是，当溥仪被迎入宫之顷，其祖母醇王太福晋大哭曰："既杀我子，复杀我孙。虽拥皇帝虚名，实等终身禁锢"。抱持溥仪不释手。经诸臣婉劝，谓不可抗旨，始拥之而云。即位之明年，改元宣统。

颠沛流离的一生

第二次利用溥仪的是辫子将军张勋，和一些遗老、亲贵、政客，拥他"复辟"，时为 1917 年 5 月，他年十二岁，居然颁诏复位，又坐起龙廷来了，改民国六年为宣统九年。讨逆军总司令段祺瑞马厂誓师，炮声又把溥仪从皇位上轰了下来，席未暇暖，首尾仅十二天，好在"一会儿也就完了"。

在宣统三年（1911 年）政权易手之际，民国政府原与清廷订有清帝逊位后的优待，其中包括"大清皇帝尊号仍存不废，岁费每年四百万元，由中华民国拨用。皇帝暂居宫禁，侍卫人等，照常留用"。

民国十三年（1924 年）十月初九日，冯玉祥派鹿钟麟率兵入紫禁城，露刃横刀，演出逼宫，仓促之间，把溥仪及其宫眷赶出宫廷，这未尝不是七年前因有"复辟"闹剧，使那些怀着不利孺子之心的掌兵大员们，有了振振有词的口实。

出宫后，投奔醇王府。不到一个月，十一月初三日，他的英籍教师庄士敦，陪同溥仪坐汽车偷偷溜进东交民巷，入德国医院。庄士敦先曾洽商英使馆暂住，英使婉拒。由遗老郑孝胥向日使馆武官竹本大佐接洽，住进了日本公使馆。

从此日本人把溥仪视为可居奇货，结了不解之缘，1931 年在日本人的恐吓、遗老们的怂恿之下去到东北当傀儡，此时已种下根株。

在日使馆匿居约三个月，溥仪又在日使馆所派官员池田政次及另一遗老罗振玉父子的掩护和伴同下，潜往天津。时为1925年2月23日之夜。后来著名的汉奸郑孝胥及其子郑垂，罗振玉及其子罗福宝，在包围溥仪，效其愚忠的遗老遗少中，虽都是竭力主张向日本一面倒的亲日派，但居心各异，明争暗斗，亦甚激烈，到伪满时期，似乎郑孝胥得了胜利，但在溥仪离开醇王府，这一段“乘舆播迁”时日，奔走接洽，郑罗二人都是和溥仪影形不离的。

到天津，日本总领事吉田茂迎住大和旅馆。在旅馆住了三天，即租定“张园”为“行在”，居然又组织起若有其事的“小朝廷”来。

从是年2月26日起，溥仪及其妻妾，留居天津，达六年之久。先住张园，后迁静园，直到1931年，“九一八事变”发生，郑罗及其汉奸们早与日本多方接洽，把溥仪诱赴东北。先到旅顺，后赴长春，先就伪满“执政”，后称伪帝，建“年号”曰康德。在“执政”时期，则号“大同”。

溥仪以傀儡皇帝的姿态被日本军阀玩弄了十二年，到1945年8月日本投降，二次大战结束，又发表了“退位诏书”，后被俄军俘获，妻妾离散，在西伯利亚的伯力过了五年囚犯生活。1950年8月，俄方把他送回东北抚顺战犯管理所“劳动改造”。到1959年，中华人民共和国政府将他特赦，回到北京。

1967年死于北京。

一生曾有五个配偶

溥仪的一生，实为一个传奇人物。

这个傀儡皇帝一生曾有五个配偶，他十七岁的时候，在清宫同时立婉容为“后”，文绣为“淑妃”，在伪满时代以谭玉玲为“庆贵人”，继又纳李玉琴为“福贵人”，最后在北京与李淑贤结婚。本章拟以溥仪的婚媾故事为中心，旁及其各个阶段的生活。

第一次的婚姻，那时清祚虽亡，溥仪还留在紫禁城做关门皇帝，皇帝必须有后有妃，溥仪十五足岁之时，宫中即为溥仪议婚，先朝遗留的太妃们，以母氏地位，对他婚事当然各有意见。

溥仪既继同治帝，又祧光绪帝，故除本生母醇亲王福晋外，同时尚有五母，同治之瑜妃、珣妃、瑨妃，光绪之隆裕后与瑾妃。入宫之后，与本生母见面甚稀，在名分上对皇帝之事，亦不能有所建白，且早于溥仪婚前二年去世。溥仪议婚之时，隆裕太后已死，珣太妃亦刚死不久，在世的尚有同治之瑜、瑨二太妃，与光绪之瑾太妃。瑨太妃无甚主见，瑜太妃和瑾太妃，都想选一个与自己较亲近的闺秀为溥仪配偶，于是各有意中的候选对象。

按清宫旧例，先选定若干大家闺秀，叫到宫中，排列在皇帝面前，让他细细端详，看中了谁，递以玉如意，作为定选。然而小朝廷已无当年气派，不得不一切从简，溥仪的选妃，先由太妃们及王公大臣，推荐够格的满洲闺秀作候选人，每人送一张照片到宫中，汇齐后给溥仪亲自挑选，用铅笔代玉如意，选中的在照片上留下记号。

溥仪最初圈中了额尔特氏端恭的女儿，名文绣，比溥仪小三岁。但文绣是瑜太妃中意之人，于是瑾太妃反对。另荐郭博罗氏荣源之女，名婉容，与溥仪同年。瑾太妃的理由是文绣母家贫，且长得并不美。婉容母家富，且风姿极美，谓最合中宫之选，并遣王公们来劝说溥仪，溥仪于是也在婉容的照片加上一圈。这样，瑜太妃又不悦了。争论结果，最后由瑨太妃斡旋其间，采取一个折中办法，决定以婉容为后，文绣为妃。

皇帝必须有后有妃

关于选婚经过，溥仪在1964年间，所写一本名为《我的前半生》的自传中，有详细述说。

“对这类事情，最操心的是老太太们。1921年年初，即我刚过了十五周岁的时候，太妃们把我父亲找去商议了几次，接着，召集了十位王公，讨论这件事。从议婚到成婚，经过了一年多的时间。在这中间，由于庄和太妃（珣太妃）和我母亲的先后去世，师傅们因时局不宁，谏劝从缓，特别是发生了情形颇复杂的争执，婚事曾有过几起几落，不能定案。”

“这时庄和太妃刚去世，荣惠太妃（瑨太妃）没有主见，剩下的两个太妃，对未来皇后人选，发生了争执，都想找一个跟自己亲近的人当皇后，这不单由于老太太的偏爱，而是由于和将来的地位大有关系。敬懿太妃（瑜太妃）原是同治妃，她总忘不了慈禧在遗嘱上把我定为承继同治，兼祧光绪的这句话。隆裕太后在世时满不睬这一套，不但没有因这句话而对同治的妃有什么尊重表示，反把同治的妃打入了冷宫。隆裕死后，虽然太妃被我一律以皇额娘相称，但袁世凯又来干涉内政，指定端康（瑾太妃）主持宫中一切事务，因此敬懿（瑜太妃）依然不能因正宗而受到重视。她的素志未偿，对端康（瑾太妃）很不服气。所以在议婚过程中，这两个太妃，各自提出了自己中意的候选人，互不相让。……”

“究竟选谁，当然要皇帝说话，钦定一下。……照片送到了养心殿，一共四张。在我看来四个人都是一个模样，身段都像纸糊的桶子。每张照片的脸部都很小，实在分不出丑俊来，只能比一比旗袍的花色，谁的特别些。我那时想不到什么终身大事之类的问题，也没有什么标准，便不假思索在一张似乎顺眼些的相片上，用铅笔画了一个圈儿。”

“这是满洲额尔特氏端恭的女儿，名叫文绣，比我小三岁，看照片那年是十三岁。这是敬懿太妃所中意的姑娘。这个挑选结果，送到太妃那里，端康太妃不满意，她不顾敬懿的反对，硬叫王公们来劝我重选她中意的那个。她推荐的这个是满洲正白旗郭布罗氏荣源家的女儿，名婉容，字慕鸿。后来在天津有个驻张园的日本警察，写了一本关于我的书，把慕鸿写成秋鸿，以后以讹传讹，又成了鸿秋。和我同岁，看照片那年是十六岁。我听了王公们劝告，心想你们何不早说，好在用铅笔画圈，不费什么事，于是我又在婉容的相片上画了一下。”

“可是敬懿和荣惠（瑨太妃）两太妃又不愿意了。不知太妃们和王公们是怎样争辩的，结果荣惠太妃出面说：既然皇上圈过文绣，她是不能嫁臣民了，因此可以纳为妃。我想，一个老婆我还不觉得有多大必要，怎么一下子还要两个呢？我不想接受这个意见。可是禁不住王公们根据祖制，说出皇帝必须有后有妃的道理，我想既然这是皇帝的特点，我当然要具备，于是答应了他们。”

议婚经过了一年多的时间，方行决定。溥仪同时与婉容、文绣成婚，已是 1922 年的年底了。

妻妾各有牢骚

溥仪的结婚，照清宫术语，称为“大婚”，婉容册封为后，文绣立为淑妃，典礼在 1922 年农历十二月初先后一日举行。婉容的生母，为贝勒毓朗之女，按宗室行辈，毓朗比溥仪小一辈，婉容应晚两辈。她在天津长大，美而慧，在教会女校读过书，英文名伊莉莎白，中文之外，亦谙英语，并略能书画。

初婚时，在宫闱体制下，三人相处尚安，但1925年移居天津后，打破了宫闱规矩，与外界有所接触，且年事渐长，一后一妃，对夫妇生活各有正常需求。婉容醋劲大，不免和文绣争夕。每当溥仪留宿文绣房里，第二天便喋喋不休，甚至故意摆出皇后架子，借别的因由故意挑剔文绣。在文绣则身为妃侍，心有不甘，由摩擦龃龉而至勃谿吵闹了。

《紫禁城秘谭》一书，曾录有当年婉容给溥仪的一张字条，可见她意欲独占溥仪的情怀，据云：

> 吾爱，昨天晚上坐在我床上发誓说：即令世界上再有一千个西施，我也不爱她们。我也发誓说：世界上再有一万个潘安，我也不爱他们。你记得吗？身上正来，心里烦，睡不着，只有写字给你。

文绣也有文绣的牢骚，《末代皇帝外史录》有文绣所作的一篇短文，题曰《哀苑鹿》，观其文意，尚在北平清宫时作，云：

> 春光明媚，红绿满园，余偶散步其中，游目骋怀，洵可乐也。倚树稍憩，忽闻囿鹿，悲鸣宛转，俛而视之，奄奄待毙，状殊可怜。余以此鹿得入御园，受恩俸豢养，亦可谓之幸矣。然野畜不蓄于家，如此鹿在园内，不得其自由，犹狱内之犯人，非遇赦而不出也。庄子云：宁其生而曳尾于涂中，不愿其死为骨贵也。

文绣日后下堂仳离，作此文时，大约下意识已伏有脱离牢笼的念头。

两妇之间难为夫，妻妾的怨气，只能以溥仪为发泄目标。两人于爱的争取外，更有物质享受的竞争。婉容是娇生惯养的富家小姐，天津尤是她从小熟悉的地方，她本来很爱美，好妆饰，自然也很会花钱。皇后买了什么，另一位皇妃也一定要，如果给文绣买了什么，婉容更是非买不可，而且花钱要更多。

自 1924 年出宫后，民国政府所给优待岁费已自四百万减为五十万元。岁费之不能发足，自始已然，决难按数按时领到。在溥仪结婚那年，尚在裁减以前，据溥仪自述：

“财政部写有一封颇含歉意的信，给内务府，说经费实在困难，以致优待岁费不能发足，现在为助大婚，特意从关税款内拨出十万元来，其中两万，算民国贺礼。”

在天津作寓公，财务情形虽非南面天下时可比，然而溥仪还有相当可观的财产。即以关内外的地产说，光是直隶一省的皇产，即达十二万亩之多。为了处理这些土地的租赁和出售，直隶省政府和清室还专设“皇产管理处”，共同管理和处置，每售出一块地，便对等分钱。在移宫之前，从皇宫里弄出的珍贵宝物和古籍字画，也陆续换了钱，存放外国银行生息，或变为房产，按月收租。所以天津小朝廷支出虽大，经济上尚能支持，不过也有吃力之感。

婉容与文绣竞在奢侈生活方面花钱，稍后不得不采取了管制办法，以月费规定数额，婉容初为一千，文绣为八百，后来减到三百和两百。

吸鸦片以消长日

妻妾交哄和文绣不甘“苑鹿”生活的结果，终于 1931 年 10 月她向天津法院提出对溥仪离婚诉讼，并要求赡养费五万元。也有人说，文绣此举，乃受了家人教唆，贪图赡养费，然她的一位哥哥当时曾在《天津商报》发表了一封公开责难之信，其中有云：“汝随侍逊帝，身被绫罗，口餍鱼肉，使用仆妇，工资由账房开支，购买物品由账房开支，且每月有二百元之月费，试问汝一闺阁妇女，果有何不足？纵中宫待汝稍严，不肯假以辞色，然抱衾送裯，自是小星本分，实命不犹，抑又何怨？”至少她这位哥哥是反对离婚的。

离婚诉讼，经溥仪托人与文绣和解，并未对簿公庭，五万元赡养费打了折扣，给三万元了案。

文绣离开了溥仪，据说她在天津当小学教师，死于1950年，终身未再婚嫁。

文绣下堂，溥仪心中总不免归咎于婉容的逼迫凌辱，于是渐渐冷落婉容，婉容原以为文绣去后，可以独占溥仪的爱情，结果恰得其反，于是以她阔小姐的脾气，处处与溥仪意见相左，闹起别扭来。

1931年11月，溥仪被诱出关，准备做日本的傀儡，婉容是反对的，她舍不得天津，尤不愿托庇于日本军阀下重度宫禁生活。

然而执拗不过溥仪，溥仪先行，到了旅顺，派陈曾寿护送婉容前往。在途中，另一伴同护送的日本大佐，竟对她轻薄，据陈曾寿日记云：“侍后早餐，后言大佐甚无状，常避之”。于是益发不喜日本人。后来到长春，溥仪就伪执政，婉容时常为此与溥仪闹意见。溥仪自投罗网，也未尝没有一肚子的牢骚，嘴强疑心重，对婉容也没有好嘴脸，两人感情，便越趋疏隔。

婉容在天津，原已吸过鸦片，此时宫闱冷落，便以鸦片以消长日，日子一久，烟瘾更大更深，精神也更趋消沉了。

据《满宫残档》，（1938年）七月十六日到（1939年）七月十日，约一年的时期，“皇后”共购益寿膏（鸦片烟膏）七百四十两，每天平均约二两。同一时期还购买了各种纸烟三万零四百三十支，平均每天六十四支。也许伪宫经手人有些弊端，未必都为婉容所消费，但婉容烟瘾之大，必为不可否认的事实。

在溥仪做“伪执政”，以及后称伪帝的时期，夫妇虽同住伪宫的“缉熙楼”，然而寝处各别，婉容烟榻横陈，消磨岁月，两人后来到了不相见面的境地。

据说婉容曾与一近侍私通，溥仪处分了近侍，并欲将婉容遣居旅顺。其时宫内府大权，操于日本人入江贯一之手，入江根据日本皇室典范，认“帝后”必须同驻一地，始免遣置。

先是婉容尝有赴日养病之想，日本人本是她所不喜的，欲赴日本，可见她与溥仪感情的恶劣，而宫廷生活的苦闷，都已到了无法忍受的程度。1931年，“执政府”的首任伪“立法院长”赵欣伯居日遥领，欣伯之妻由长春前往东京会夫，婉容托赵妻在日活动，要求日本人邀后访日。此事为溥仪之三妹韫颖自日密函告溥仪，此函发于是年十月间。韫颖英文名曰莉莉，嫁给婉容之弟润祺。函略云：

> 关于赵欣伯之妻所述后之事，详禀于左：赵妻赴日前，曾谒见后。后见彼将分离，极悲，并托彼转告日方，请后来日养病。后云：“为什么别人都得自由，独我不能自由?”赵妻欲托人请后东渡，莉极阻之。告彼：“后之地位与常人异，不自由为当然之事，如不信请看日后亦然。”赵妻以莉语为然，想不致出何枝叶。彼曰：“后近日多病，彼不能详知，因日人阻其见后，所以三月余来，未到府请安。”莉闻此种种话，知其为人，因远而拒之。

昏天黑地神魂颠倒

婉容在天津张园时期，所留剪发旗袍时装相片，据目睹者的记述，谓“殊媚艳”。在长春，心绪既不佳，沉溺于鸦片，容貌亦憔悴而尽失风韵。(1937 年) 三月七日，莉莉给哥哥溥仪的函中说：“后放大的照片，实在可怕，比前二年又变样了。隐藏起来，不给人看”。

婉容并无生育，于是伪满宫中，发生了“皇嗣”问题，按伪满“帝位继承法”，皇位承袭，以主系男子为限，溥仪与婉容的感情既无法恢复，文绣早已仳离他去，于是宫中有人便忙着为溥仪另觅“妃子”。日本军阀初欲以日籍女子备后宫，俾把爱新觉罗血胤与大和民族融合起来，以达日满一系的政治目的。

溥仪峻拒与日女发生婚姻关系，甚至比他小一岁的弟弟溥杰，1937 年春与日本贵族嵯峨宝胜侯爵之女嵯峨浩结婚，他事前也是不表赞成的，溥杰的婚姻虽不因溥仪的反对而不成，但他自己则坚决不婚日女。

溥仪纳妃之事，由婉容的姨母立太太居间热心奔走，物色到十八岁的一位满洲闺女，姓他他拉氏。他他拉变音为汉姓谭，这姑娘汉名谭玉龄。

于 1937 年把谭玉龄自北平潜送到长春，三月二十五日入宫，封为“庆贵人”，以伪宫勤民楼东边一座房屋，作为她的“寝宫”。这一年溥仪为三十二岁。

谭玉龄入宫后，溥仪享受到唱随之乐，可是好事多磨，谭妃自始即身弱多病，不到五年，就香销玉殒了。究竟何病，传说不一，或谓子宫癌，或谓肺癌，唯在病急垂危时，伪满宫中的日籍“御用挂”（义即“内廷行走”或“侍从秘书”）吉冈安直，曾延日本军医院和满铁医院的日本医生给谭玉龄打过针，终于顷刻暴死，连溥仪都怀疑玉龄之死，为日医下的毒手。

后来溥仪在东京战犯法庭作证，曾说过：“吉冈毒杀我的爱妻”。

穗帐风凄，佳偶永诀，溥仪是十分伤心的。人有人的尊严、意志与情怀，他做傀儡皇帝，即使没有这些家庭变故，其不会愉快，自属意料中所必有之事。溥仪本性懦怯，做了日本人的儿皇帝之后，他的心理和精神，在严重压抑之下，乃趋于变态。他自述云：

> 我不能过问政事，不能随便外出走走，不能找个大臣谈谈。我发展了迟眠晏起的习惯，晚上总要在后半夜，甚至过二点才睡，早晨要十一点才起。每日两餐，早餐在中午十二点至一两点，晚饭在九至十一点，有时是十二点。四点至五六点睡中觉。我的日常生活，除了吃睡之外，用八个字可以概括了，即：打骂、算卦、吃药、害怕。
>
> 这四样东西是互相有着关联的。我对日本人是伺候颜色，谄媚逢迎，对宫门以内则是脾气日趋暴躁，动辄打人骂人。我的迷信思想也更加发展，终日吃素念经，占卜打卦，求神佛保佑。在这种精神不宁和不正常的生活习惯下，本来就糟蹋坏了的身体，这时越发虚弱，因此又拼命打针吃药。总而言之，这四样东西构成了我昏天黑地，神魂颠倒的生活。

医药与迷信

溥仪身高六尺，体重仅一百零二磅，生来就并不壮健，十七岁成婚后，乡入温柔，不免过于斩伤，到天津之后，情形更不如前，就养成了信赖药物的习惯，中西杂投，拼命灌注。被日人劫持出关后，天津而旅顺，而长春，一向疑神疑鬼，担惊受怕，渐至神经极度衰弱，他的自述说：

“因为怕死，所以最怕病。我嗜药成癖，给了我的家人和仆人不少罪受，也给自己找了不少罪受。我嗜药不仅是吃，而且还包括收藏。中药有药库，西药有药房。我有时为了菜的口味差一些，硬罚厨子扣出几角钱来，但为买些用不着的药品，可以拿出几千元、几万元去向国外订购。

“我专雇的医生，每天为我打补针，总要忙上几小时。从前我在紫禁城里时常疑病，现在用不到疑心，我真的浑身是病了。”

溥仪的迷信，也超乎常情，他说：

“到长春之后，我看了大量的迷信鬼神书，看得入了迷。我在书上看了什么六道轮回，说一切生物都有佛性，我就生怕吃的肉是死去亲人变的，所以除了每天早晚念两次经外，每顿饭又加念一遍往生咒，给吃的肉主超生。开头是在开饭的时候，当着人面，我自己默默地念，后来我索性让人先出去，等我一个人嘟嘟囔囔地念完，再让他们进来。所以后来每逢吃饭，他们便自动等在外面，听我嘟囔完了才进来。

“记得有一次，我正在同德殿的地下防空洞里吃饭，忽然响起了空袭警报，我念了咒还不算，还把吃的一个鸡蛋拿起来，对它磕三个头，才敢把这个佛性吃下肚去。这时，我已经索性吃素，除鸡蛋外，荤腥一概不动。我不许人们打苍蝇，只许向外轰。我知道苍蝇落过的饭菜，我一律不吃，如果在我的嘴唇上落下，我就拿酒精棉花擦一下（我身上总带着一个盛酒精药棉的小铁盒），如果发现菜里有苍蝇腿。要罚厨师的钱，尽管如此，我却不准任何人打死一只苍蝇。有一次我看见一只猫抓住了一只老鼠，为了救这只老鼠，我就下令全体家人一齐出动去追猫。

“我越看佛书越迷信，有时做梦，梦见游地狱，就越发相信。有一次，我从书上看到，念经多日之后，佛就会来，还要吃东西。我便布置出一间屋子，预备了东西，在念过经之后，对众人宣布道，佛来了！我便跪着爬进屋去。当然里面是空的，可是因为我自己也相信了自己的胡说八道，所以战战兢兢地向空中磕起头来。

“我家里的人都叫我弄得神神颠颠的。在我的影响下，家中终日佛声四起，木鱼铜罄，声响不绝，像居身于庙宇一样。”

踏上苦难的另一站

谭玉龄死后的第二年，溥仪又立李玉琴为“福贵人”。玉琴年十五，她是长春南岭女子优级国民学校的六年级生。

这次选纳贵人，是由日本人所代为物色，先在各国民学校和初级中学，选出若干俊秀女生，以照片让溥仪选择，再细细调查姑娘的身世和个性等等，经过一段时间的秘密进行，终于选定了李玉琴。玉琴家境贫寒，父亲是一家饭店的跑堂，这饭店名“万发园”，也有说名“田家饭店”。他靠跑堂的收入赡养一家，他有太太，两个儿子和五个女儿。玉琴照女孩的排行为第四，连同男孩排行为第五。她成绩尚好，读书免费，放学回家替人家补袜子，赚些钱买文具等必需品。在十三岁那年，曾到卷烟厂做过工，可是她仍喜读书，做了一个暑假的工，又继续上学了。

入宫后，福贵人被安置在“同德楼”，她年轻天真，使溥仪得到了一些唱随的欢爱。多少年后，她追忆入宫之初的情景，她说：皇帝时常和她在宫里玩捉迷藏。皇帝奏琴，她唱歌。他俩时常写字条消遣，皇帝用“小玉琴”开头。皇帝鼓励她信佛、念经、吃素。

计算溥仪此时已三十八岁，竟也有若干天真的情趣，也许傀儡皇帝的生活实在无聊，同时反映出新婚燕尔，老夫少妾并不缺少耳鬓厮磨之乐。可惜此时日本侵略已渐近末日，而伪满命运的结束，也指日可待了。

1945 年 7 月 26 日盟国发表《波茨坦宣言》，迫令日本无条件投降，8 月 9 日，俄军开始进入东北，8 月 15 日，日本天皇宣布投降，关东军亦决定溥仪应于 8 月 18 日“退位”。日本人替他草拟了“退位诏书”，他读后苦笑着说：这诏书里的“仰赖天照大神之神庥，天皇陛下之保佑”几句，“我看不必要了吧?”

这是他第二次宣布“退位”，又踏上了人生的另一站。他于日本投降的先数日，挈宫眷在兵荒马乱中乘火车逃往通化的大栗子沟，大栗子沟是一座煤矿，在群山之中，与朝鲜一江之隔。

初拟八月十四日飞往东京，因通化机场狭小，不能容大型飞机，关东军叫伪满傀儡及汉奸们先分乘小型军用机到沈阳，然后换机东飞。不料甫抵沈阳机场，苏联飞机接踵着陆，手持冲锋枪的俄国兵走下飞机，立刻将机场的日本兵缴了械。

溥仪等当场被扣留，作为俘虏，第二天便被苏联飞机押运至西伯利亚的伯力。同时被俘的，有溥仪之弟溥杰、妹夫润祺及“国丈”荣源等。

溥仪的眷属：“皇后”婉容，“福贵人”李玉琴，溥杰的日籍妻子嵯峨浩等则仍留在通化的大栗子沟。

总是带着哀惨气氛

溥仪在西伯利亚伯力集中营，和外界一切隔绝，既不知道家人的生死存亡，在大栗子沟和她们分手后，更不知道她们的下落如何。他对李玉琴尤其怀念，玉琴入宫十五岁，在大栗子沟分手时十七岁，溥仪在伯力过了几个冬天，计算玉琴已经二十开外了。

在集中营，他的弟弟溥杰有一天突然告诉他，接到其妻嵯峨浩自日本来信，说李玉琴已经改嫁。

其实此时玉琴还没有改嫁，她在长春经母亲领回后，留在娘家。溥仪的一个堂兄溥修，原是他“驻天津办事处处长”，派人把玉琴接到天津去住。他替玉琴取了一个新的姓名：溥维清，玉琴在溥修家隐姓埋名住了七年。最后两年随溥修迁居北京，后又回到长春。

此时溥仪已由俄人交还了中国，拘留在抚顺的“战犯管理所”。到1955年溥仪竟从其五妹金韫馨的来信中，得悉了玉琴的长春地址，他按址去了信，自此而后，玉琴到抚顺战犯管理所探了三次监，田布衣《末代皇帝外史》记述玉琴第一次探监时两人见面情况，云：

> 见面时，两人先是短暂的沉默和凝视，彼此都觉得是变了。吃得可好？够不够？睡得可好？这一连串都是李玉琴问溥仪的。接着溥仪也发问了：那年在大栗子沟分手后，你们去了哪里？李玉琴说，日本投降后一直住大栗子沟，婉容也是一样，后来在长春家中见到了自己的母亲、哥哥、姊姊、姊夫。
>
> “你的父亲呢?”溥仪问。“死了。”李玉琴说。接着李玉琴又诉说从长春到天津，以及由天津到北平，由北平再往长春的大致经过。末了又告诉溥仪一个消息：婉容皇后死去的情形。
>
> 溥仪听到那么多消息，他有点黯然，也有点伤感。可是由于见到了十年来旦夕想念的人，所以兴奋和喜悦掩盖了悲愁。

探监见面之外，两人还通了若干情意缠绵的信，溥仪知道她在长春先做保育员，后当图书馆员。到 1959 年的春天，玉琴和一个工程师恋爱而结婚，结婚前把离婚书送到战犯管理所，溥仪含泪签了字。他自以为永无获释机会，可是就在这一年 9 月 17 日，政府将他释放。

1962 年 4 月 30 日溥仪第四次再婚，他在北京，已由中山公园的看门人，当了“文史资料研究会委员”。新娘李淑贤，浙江杭州人，是一所医院的护士，是三十六岁的寡妇，溥仪则五十七岁，二人结为夫妇。

这位傀儡皇帝数度婚姻生活，多少曲折，多少悲欢离合，最足以象征他颠沛坎坷的一生，而在欢与合之中，必带一些哀惨气氛。第四度再婚，再隔四个年头，他就长辞人世，正像他在即位清帝时，父亲载沣对他所说的，也是“一会儿就完了”。

第十六章　燕瘦环肥

曲线藏而不露

我们今天还常常用“燕瘦环肥”之典，来描写女性体形的丰腴。赵飞燕身轻如燕，为公元前一世纪西汉成帝之后，杨玉环姿质秾艳，为八世纪唐玄宗之贵妃，都是中国历史上十分著名的美人。

女性究以体态苗条，还是丰腴为美，历代的观点并不尽同，而且也因人而异，大约丰腴而不至痴肥，苗条而不至瘦骨崚嶒，所谓肥而不俗，瘦而不寒，窈窕动人，可肥可瘦，在丰瘠以外，另具绰约多姿的条件。

杨贵妃虽以丰艳出名，然而元和间陈鸿所作《长恨歌传》，形容贵妃为“鬒发腻理，纤秾中度”，说她肥瘦适中，并非过瘦或过肥也。

然而唐代，以迄后之五代及宋，美人标准都是偏重于丰艳肥硕的。故宫博物院藏有宋李公麟所绘《丽人行》，画的是杜甫诗意，杨贵妃之姊虢国和秦国夫人等联骑春游之景，面貌和体态都较丰肥，似乎丰腴才够得上当时“丽人”的条件。

大约古代妇女的衣裳较为宽阔，身体的曲线藏而不露，所以自古以来，不像现代西洋人那样现实，并无“三围”之说，但今日则也讲究起来，岂亦所谓中西文化之交流乎？

妇女衣着的宽窄，古时也随时代而变化，即以唐代言，白乐天新乐府《上阳白发人》写天宝时代宫闱时妆，曰“小头鞋履窄衣裳”，这正是杨贵妃的那个时代，《新唐书》亦云：“天宝初，贵族及士民好为胡服胡帽，妇人则簪步摇，衩衣之制度，则衿袖窄小”。

读白乐天写杨贵妃霓裳羽衣舞姿，有句云：“风吹仙袂飘飘举”，其袂必长而宽，否则也就不能飘飘而举了。也许舞妆与平时衣妆有所不同。

又，白乐天《和元微之梦游春》诗曰，“风流薄梳洗，时世宽妆束”，则到元和前后，却时行宽大了。历三四十年，一直到开成年间，宽大到政府限令缩小。《唐会要》云：“开成四年（839 年）二月，淮南观察使李德裕奏：臣管内妇人，衣袖先阔四尺，今令阔一尺五寸，裙先曳地四五寸，今令减五寸，从之。”

始而短窄，继而宽大，宽大到加以限制，循环往复，和今日女性的旗袍，下裾忽长忽短，领子忽高忽低，随时变化，也是一样的道理。

因谈杨贵妃的风姿，旁及当时的衣妆，然而所述仍不过一鳞半爪，贵妃的妆饰究竟什么情状，非但没有给读者一个明确描写，连笔者翻检了不少史籍，印象仍旧十分模糊。

有人说，从京剧《贵妃醉酒》或《太真外传》中，不是可以得到杨玉环的服饰形象吗？然而不然，我国京剧，不论演哪一朝代故事，用的大都是明代衣冠，不像西洋剧戏或电影那样，服妆力求与故事人物的时代相配合。《贵妃醉酒》中所见的杨玉环，乃是明朝服饰的杨玉环，非唐代之杨玉环也。

上文所提及的李公麟，他是北宋时人，去唐未远，从他所绘《丽人行》

去推求杨玉环的妆饰，或庶几近之。

柔若无骨

杜甫诗《丽人行》，写杨贵妃姊虢国夫人等，云："头上何所有，翠微盍叶垂鬓唇。"钱牧斋注："盍彩，妇人头花髻饰也。翠微盍叶，则翡翠微布于盍彩之叶。"由此可知天宝间贵妇云鬓高髻之上，还有彩翠之饰。

但李公麟所画的丽人，髻无饰物，头顶上有一团头发高高耸起，这是所谓"圆鬟椎髻"，显然与杜甫"翠微盍叶"说不符，白乐天于元和四年（809年）作《时世妆》新乐府，有句云："圆鬟无鬓椎髻样"。《新唐书》亦云："元和末，妇人为圆鬟椎髻，不设鬓饰。"与天宝年间不同，鬓不垂而髻无饰，所谓"椎髻"，束发如椎，高高耸起。博雅如李公麟，竟把元和年间的时妆，画上了天宝年间贵妇的发式，有此疏失。可见研究历代各阶段的服饰装束，虽是小题目，其实是大学问，难矣哉。

《新唐书》说，天宝年间，"妇人则簪步摇"，步摇为钗名，有珠翠贯成小串下垂，举步动摇，故名步摇，亦即白乐天《霓裳羽衣舞歌》所谓："红裳霞帔步摇冠，细璎累累珮珊珊"。乐天所咏未必为杨贵妃，而贵妃头有步摇之饰，这是确切无疑的。陈鸿《长恨歌传》云："定情之夕，授金冠钿合以固之，又命戴步摇，垂金铛。"今日盛妆的日本艺妓，头上还可以看到步摇之饰。

从贵妃之美，说到天宝元和的贵妇时妆，似乎越扯越远了，言归正传，先从赵飞燕说起。

赵飞燕初生时，父母不欲养大她，但弃之三日不死，乃重加收养。长大后，为阳阿公主家宫人，学歌舞，娇小玲珑，身轻如燕，鸿嘉三年（公元前

18年）成帝微行，出过阳阿公主家，作乐，见飞燕而悦之，即纳入宫中，大为宠幸。

成帝在太子时，即以好色著名，即位之初，若干老臣以宫中女宠太盛为谏，帝不省。到了鸿嘉元年为始，更常微服私行，率领随身侍从，或骑，或乘小车，出入市里郊野，远至旁县，寻花折柳，斗鸡走马，无所不为。为了隐秘身份，自称富平侯家人，富平侯为侍中张放，娶帝后许氏之妹，和成帝是连襟，自幼与成帝同玩乐，贵幸无比。

鸿嘉三年的这次微行，在阳阿公主家发现了赵飞燕，在成帝真是欣喜如狂的意外收获。入宫定情之夕，以颊相亲，遍体柔若无骨，此《飞燕外传》所谓“以辅相属，无所不靡”。辅，颊肉也。成帝与飞燕的欢爱，自称为“温柔乡”，谓左右曰：“吾老是乡矣，不能效武皇帝求白云乡也”。

飞燕有一妹，尤艳美，也相继入宫。左右皆啧啧叹赏，有先朝老宫人，在帝后唾曰：“此祸水也，灭火必矣”。

姊妹初封婕妤，成帝先前宠爱的许皇后及班婕妤，自是均被冷落。赵飞燕仍不甘心，在成帝前谮害许皇后和班婕妤，谓彼等祝诅主上，成帝大怒，将许皇后废处昭台宫，拷问班婕妤。婕妤对曰：“妾闻死生有命，富贵在天，我修善尚未获报，为邪欲以何望？使鬼神有知，不受不臣之诉，如其无知，诉之何益？故不为也。”帝善其对而赦之。

班婕妤久恐见危，乃求供养太后于长信宫。在凄寂生活中，有一首纨扇诗，吟以自伤，词极哀楚，诗云：

> 新裂齐纨扇，皎洁如霜雪。裁为合欢扇，团团似明月。出入君怀袖，动摇微风发。常恐秋节至，凉飙夺炎热。弃捐箧笥中，恩情中道绝。

后世以妇女色衰见弃，谓之“秋扇之捐”，典即出去。

触情纵欲宠幸无比

班婕妤在赵飞燕之前，为成帝所宠，然颇能以礼自制，《历代通鉴辑览》，载一故事云：

> 初，许皇后与班婕妤皆有宠，上尝游后庭，欲与婕妤同辇，婕妤辞曰："观古图画，圣贤之君，皆有名臣在侧，三代末主乃有嬖妾，今欲同辇，得无近似之乎？"上善其言而止。

然而成帝内心，并不接受这种谏劝的，及赵飞燕姊妹入宫，乃触情纵欲，宠幸无比，不到两年，册封飞燕为后，其妹为昭仪，据说昭仪之艳媚，尤胜皇后，于是昭仪之宠，亦在皇后之上。

昭仪居昭阳宫，宫以黄金、白玉、明珠、翠羽饰之，为从来后宫所未尝有。昭仪沐浴，用豆蔻汤，传露花粉，遍体馥郁。

成帝于宫中太液池，建瀛洲榭，作千人舟，与飞燕姊妹游乐其间。

一日，成帝与飞燕泛舟池中，飞燕在舟中歌《归风送远》之曲，成帝以玉簪击节，旁一侍从吹笙和之。忽一阵风来，飞燕迎风立起，举袂扬音，飘飘然似欲随风仙去。成帝急命左右将飞燕拖住，用力过猛，竟将飞燕后面的裙裾，撕去一块，自此宫中时妆，裙后均留一缺口，名曰"留仙裙"。

飞燕姊妹专宠十余年，皆无生育。史称："后居别馆，多通侍郎宫奴之多子者"，也无结果。然掖庭中别的宫眷，被成帝御幸而生子者，辄皆由赵氏姊妹阴谋害死，又饮药伤坠者无数。

成帝死于绥和二年（公元前 7 年）三月丙戌，前一晚宿未央宫，赵昭仪侍寝。昏夜尚平善，晨起不能言，顷刻而崩。于是宫中哗然，皆归罪昭仪。

皇太后以皇帝暴崩，诏大司马王莽与丞相等，查问皇帝起居及发病情状，昭仪惶恐自杀。

成帝崩，哀帝即位。建平元年（公元前 6 年）春正月，司隶校尉解光奏言，许美人及中宫史曹宫，皆经成帝御幸而生子，而所生为赵昭仪密加残害。昭仪已伏天诛，诏免其同产亲属新城侯赵钦及钦兄子成阳侯䜣，皆为庶人。

尚未罪及当时已为太后之赵飞燕。

至哀帝元寿二年（公元前 1 年）八月，王莽白太皇太后诏有司曰："前皇太后（赵飞燕）与昭仪俱侍帷幄，姊弟专宠锢寝，残贼继嗣，以危宗庙，悖天犯祖，无为天下母之义，贬皇太后为孝成皇后徙居北宫。"后月余，复下诏曰："皇后自知罪恶深大，朝请稀阔，失妇道，无供养之礼，而有狼虎之毒，宗室所怨，海内之仇也，而尚在小君之位，诚非皇天之心。夫小不忍乱大谋，恩之所不能已者，义之所割也，今废皇后为庶人。"是日，飞燕自杀。

汉皇重色思倾国

杨贵妃为一代尤物，她与唐玄宗（明皇）一段哀感顽艳的恋情，不仅正史详之，也有无数的稗官野史，甚至小说戏曲敷陈其事，至今为民间所家喻户晓。谈这个故事，选剔资料，真是美不胜收，唯笔者特别欣赏白乐天的《长恨歌》和他同时陈鸿所写的《长恨歌传》。

据清人汪立名所撰《白香山年谱》，此歌此传作于元和元年（806 年），时距天宝十四年（755 年）贵妃之死，不过约半个世纪，相去未远，述此"希代之事"，当接触过不少掌故与轶闻，二者虽有崇高的文学地位，如果辨明其不合史实的一些细节，我们仍可重视他们的史料价值。为了节省篇幅，下文引

《长恨歌传》处，均略为“陈鸿传曰”，引《长恨歌》处，略为“乐天歌曰”。

传曰：“开元中，四海无事，玄宗在位岁久，倦于旰食宵衣，政无小大，始委于右丞相，深居游宴，以声色自娱。先是，元献皇后、武淑（惠）妃皆有宠，相次即世，宫中虽良家子数千，无可悦目者，上心忽忽不乐。诏高力士潜搜外宫，得弘农杨玄琰女于寿邸。”

寿王瑁为玄宗第十八子，玉环其妃也。玄宗共有三十子，也可见他宠爱之多。以儿媳妇纳入后宫，自非伦理名教所许，故白乐天歌中讳之，所咏非史实，曰：“汉皇重色思倾国，御宇多年求不得。杨家有女初长成，养在深闺人未识。天生丽质难自弃，一朝选在君王侧。”

陈鸿所说“元献皇后、武淑（惠）妃皆有宠”，两人均死在杨玉环入宫之前，其故事有足述者，略言之，以作谈玄宗艳史的插曲。

元献皇后杨氏，皇后的尊号是死后追封的。后继玄宗即帝位的肃宗，为杨氏所生。武则天的母亲出自杨氏，元献皇后亦出自其家。玄宗在东宫时，杨氏以景云初入宫为良媛。时武则天所生女太平公主，甚跋扈，宫中事纤屑皆加干涉，而忌玄宗。良媛方娠，玄宗心不自安，密语侍读张说曰：“用事者不欲吾多子，奈何？”命说挟剂以入。帝于曲室自煮之，梦若有介而戈者，环鼎三，而三煮尽覆。以告说，说曰：“天命也”。乃止。生男是为肃宗。(《新唐书》)

元献皇后虽与玄宗同有这一段危疑患难的经过，然而若说玄宗对她有什么特别宠爱，找不出明确的历史记载，而武惠妃（陈鸿误为武淑妃）却是有过专宠的史实。

惠妃死后追封贞顺皇后，妃是武攸止之女，攸止亦为则天族人。幼入宫，渐以色得幸，进册为惠妃。与正位中宫的王皇后展开了斗争，王皇后是玄宗早年做潞州别驾时的结发之妻，虽共过患难，贤而无色，又兼无子，虽位居皇后，与玄宗并不恩爱。玄宗在潞州时另有赵丽妃以倡进，有容止，善歌舞，及武惠妃进，丽妃恩爱亦驰。

一门显贵鸡犬皆仙

武惠妃有宠，时在帝前谮王皇后，玄宗密有废后意，后知之而惧，且见宫中嫔妃皆有子，己独无出，为巩固地位，与兄守一谋，守一自浮屠明悟得厌胜法，谓取霹雳木刻天地文及帝名合佩之，后必有子。开元十二年（724年）事觉，玄宗亲自审问，得状，诏有司，皇后废为庶人，赐守一死。但置明悟不问，论者以为明悟乃是武惠妃暗中布置的奸细。

玄宗意欲立惠妃为后，为臣下所谏阻。妃生二王一主，皆不育，及生寿王瑁，帝命养于其兄宁王外邸，后又生咸宜、太华两公主。惠妃死于开元二十五年（737年），《新唐书》谓其死时年已四十余。

这都是杨玉环入宫以前之事，而事有凑巧者，玉环乃寿王之妃，也是武惠妃和唐玄宗的亲媳妇。

高力士奉玄宗命，搜得杨玉环为开元二十八年（740年）之事。为了掩饰这一段乱伦关系，于是假托玉环自己意志，离寿王邸，丐籍为女道士，号太真。隔了五个年头，至天宝四载（745年）八月壬寅立太真为贵妃。

贵妃入宫之初，有赐浴一幕，传与歌均具言之。传曰：“别疏汤泉，诏赐澡莹，既出水，体弱力微，若不胜罗绮，光彩焕发，转动照人。上甚悦，进见之日，奏霓裳羽衣曲以导之。”歌云：“春寒赐浴华清池，温泉水滑洗凝脂。侍儿扶起娇无力，始是新承恩泽时。”

自兹而后，宫中三千佳丽，玄宗的宠爱集中于贵妃一人，而杨家权势，在数年之间，也一门显贵，鸡犬皆仙。贵妃父玄琰，追赠太尉齐国公，叔玄珪擢光禄卿。宗兄铦，鸿胪卿。兄锜，侍御史，尚太华公主。从祖兄国忠，于天宝十一载（752 年）拜右相。贵妃有姊三人，《旧唐书》曰："皆才貌，玄宗并封国夫人之号，长曰大姨，封韩国，三姨封虢国，八姨封秦国，并承恩泽。"（杜诗钱注引《长安志》云："虢国八姨，秦国乃大姨。"）杜甫《丽人行》有句曰："炙手可热势绝伦"，白乐天歌曰："姊妹兄弟皆列士"，咸纪实也。

这三位国夫人，即本章前云李公麟所绘图中的主角。陈鸿传云："富埒王室，车服邸第，与长公主侔，而恩泽势力则又过之，出入禁门不问，京师长吏为之侧目。"《旧唐书》云："玄宗所得珍奇及贡献，分赐之，赐者相衔于道。"而她们揽权纳贿，"府县承迎，峻如诏敕，四方赂遗，其门如市"。

宛转蛾眉马前死

郑处晦《明皇杂录》，言虢国夫人事，曰："虢国夫人出入禁中，常乘紫骢，使小黄门为御。紫骢之俊健，黄门之端秀，皆冠绝一时"。《旧唐书》对于她们出门行列之盛，也有详细记载，云：

> 玄宗每年十月幸华清宫，国忠姊妹五家扈从，每家为一队，著一色衣，五家合队，照映如百花之焕发，遗钿坠舄，瑟瑟珠翠，璨烂芳馥于路。国忠私于虢国，不避雄狐之刺。每入朝，或联骠方驾，不帷施幔，每三朝庆贺，五鼓待漏，靓妆盈巷，猎炬如昼。

杨玉环不仅美其貌，且心灵巧慧，玄宗之所以倾心，殆非偶然。陈鸿传曰："由是冶其容，敏其词，婉娈万态，以中上意，上益嬖焉。"又云："非徒殊艳尤态致是，盖才致明慧，善巧便佞，先意希旨，有不可形容者。”

乐天歌曰：“七月七日长生殿，夜半无人私语时。在天愿作比翼鸟，在地愿为连理枝。”清人洪昉思以太真故事所作的传奇即以《长生殿》为名，这是很出名的一幕。陈鸿传托太真仙后自述云：“昔天宝十载（751 年）侍辇避暑骊山宫，秋七月，牵牛织女相见之夕，秦人风俗，是夜张锦绣，陈饮食，供瓜果，焚香于庭，号为乞巧，宫掖间犹尚之。夜始半，休侍卫于东厢，独侍上，上凭肩而立，因仰天感牛女事，秘相誓心，愿世世为夫妇，言毕执手各呜咽。”

可惜好景不长，玉环入宫不过十个年头，天宝十四载（755 年）安禄山反，以讨杨国忠为辞，明年六月，玄宗偕贵妃离长安避难，次马嵬，杀国忠，赐贵妃自缢。乐天所谓“六军不发无奈何，宛转蛾眉马前死”。

这一幕，陈鸿传写得情文并茂，极有韵致。曰：“潼关不守，翠华南幸，出咸阳，道次马嵬亭，六军徘徊，持戟不进。从官郎吏伏上马前，请诛以谢天下。国忠奉牦缨盘水死于道周，左右之意未快，上问之，当时敢言者，请以贵妃塞天下怒。上知不免而不忍见其死，反袂掩面，使牵之而去，苍黄辗转，竟就绝于尺组之下。”

据《旧唐书》，在烽火慌乱之中，贵妃姊虢国夫人闻难作，奔马至陈仓，县吏薛景仙率人吏追之，走入竹林。先杀其子裴徽及一女。当时杨国忠妻裴柔是和虢国一起逃难的，眼看逃生绝望，裴柔要求虢国“为我尽命”，虢国刺杀之，已而自刎不死，县令载之，闭于狱中，血凝喉而卒。

剪发一缭附献

贵妃缢死，以紫茵裹尸瘗道侧，时年三十八，计算天宝四载（745 年）入宫，年已二十七岁。玄宗狩成都，肃宗受禅灵武，是年改元至德。明年，禄山为子安庆绪所杀，玄宗还都。《新唐书》曰：自蜀道过贵妃埋尸处，祭之，且诏改葬。礼部侍郎李揆奏曰："将士以国忠负上速乱，为天下杀之，今葬妃，恐反仄自疑。"帝乃止，密遣中使具椁他葬焉。启瘗，故香囊犹在，中人以献帝，视之凄感流涕。

玄宗返长安后，又命画工图贵妃像，悬于别殿，朝夕往视，必为歔欷。陈鸿传曰："大驾还都，尊玄宗为太上皇，就养南宫，迁于西内，时移事去，乐尽悲来，每至春之日，冬之夜，池莲夏开，宫槐秋落，梨园子弟玉琯发音，闻霓裳羽衣一声，则天颜不怡，左右歔欷。"

天宝年间，"霓裳羽衣"为宫中盛行的曲与舞，而于玄宗与贵妃的欢爱和惨变，结下了不解之缘。贵妃最初入宫进见之日，"奏霓裳羽衣曲以导之"。而在禄山引兵向阙之顷，《长恨歌》曰："渔阳鼙鼓动地来，惊破霓裳羽衣曲。"

因为玄宗的思念，有道士用法术，上天入地，为之寻索太真魂魄，在海外仙山，果真得了贵妃成仙后的踪迹，然而这不过神话传说，《长恨歌》及传言之，增加了一些文学的浪漫气氛，但研究历史是不可为据的。

贵妃在宫中十一年，和玄宗并不是丝毫没有龃龉，据新、旧《唐书》的记载，贵妃曾有两次因"忤旨"而遣归外第，但转瞬又和好如初。

一次是天宝五载（746 年）七月，《旧唐书》曰：贵妃以微谴送归（其从兄）杨铦宅，比至亭午，上思之不食。高力士探知上旨，请送贵妃院供帐器玩廪饩等办具百余车，上又分御馔以送之。帝动不称旨，暴怒笞挞左右。力士伏奏，请迎贵妇归院，是夜开安兴门入内，妃伏地谢罪，上欢然慰抚。

另一次是天宝九载（750 年），《旧唐书》曰，贵妃复忤旨送归外第，时吉温与中贵人善，温入奏曰："妇人知识不远，有忤圣情，然贵妃久承恩，顾何惜宫中一席之地，使其就戮，安忍取辱于外哉?"上即令中使张韬光赐御馔，妃附韬光泣奏曰："妾忤圣颜，罪当万死，衣服之外，皆圣恩所赐，无可遗留，然发肤是父母所有"。乃引刀剪发一缭附献，玄宗见之惊惋，即使力士召还。

然而这些插曲，不过夫妇间的小别扭，顷刻即安，无损两人的真爱情。

后世读者据稗史传说，总有一个印象，以为杨贵妃与安禄山有一些暧昧关系，究竟如何，我们不妨作一观察。

安禄山胡人，以讨奚契丹屡著军功，赐爵东平郡王，以河东节度使兼范阳节度使，入朝奏对称旨，为玄宗所信任的边将。天宝十载（751 年）帝命有司为禄山治第长安亲仁坊，敕命但穷壮丽，不限财力，命中使督工。帝敕之曰："胡眼大，勿令笑我。"

禄山奸诈，佯为愚鲁，玄宗为了怀柔此一北方边将，每次入朝，命杨氏兄弟姊妹时与游宴。禄山艳肥，腹垂过膝，其在玄宗前，应对敏给，杂以诙谐。玄宗尝戏指其腹曰："此胡腹中安所有，其大乃尔?"对曰："止有赤心耳。"

又尝奏对曰："臣生蕃戎，宠荣过甚，无异材可用，愿以身为陛下死。"玄宗以为诚而怜之。令见皇太子，不拜，左右趣之拜，禄山曰："臣不识朝廷仪，皇太子何官?"帝曰："此储君也，朕千秋万岁后，代朕君汝者也。"禄山曰："臣愚，向者唯知有陛下一人，不知乃更有储君，罪万死。"乃再拜，玄宗以为信，益爱之。

玄宗尝宴勤政楼，百官列坐楼下，独禄山于御座东间，设金鸡帐，置榻使坐其前。命杨铦姊弟皆与禄山叙兄弟，禄山得入禁中，因请为贵妃儿，上与贵妃同坐，禄山先拜贵妃，上问何故？对曰："胡人先母而后父。"上悦。

以上言禄山的狡黠，玄宗受愚，信其忠诚，大体均见正史。《通鉴》又载一贵妃与禄山儿戏故事云：

> 禄山生日，上及杨妃赐予甚厚。后三日，召入禁中，贵妃以锦绣为大襁褓裹之，使宫人以舆舁之。上闻问故，左右以贵妃洗禄儿对，上赐贵妃洗儿金银钱，复厚赐禄山，尽欢而罢。自是禄山出入宫掖不禁。

唯此一故事，清代的《御批通鉴辑览》加考语云："考此皆出《禄山事迹》及《天宝遗事》诸稗史，恐非实录。"

总之，禄山之得自由出入宫禁，接近杨贵妃，必系事实，而两人是否有超乎干儿干妈的关系，则甚难判断。

近人陈定山，从生理的观点，推断安禄山因身体过肥而不能人道，他说杨妃私通禄山，则是冤枉。其言曰："安禄山得宠，早在杨妃之前，而且他是一个便便大腹的胡人，体重三百卅斤，腹垂至膝，穿一条裤要义子李猪儿、儿子安庆绪两个把他的肚子全部抬起，才穿的上，你想，他还有什么能为呢？"

又云："至于唐宫的秽乱，是历史出名的。楚国公姜皎，家奴王毛仲都能和皇后并起并坐，饮乐取笑，而王皇后还是一位贤后呢，何况杨妃。明皇以怀柔边将的作用，要她招待安禄山，她也不必避嫌。"

此一见解甚新，引之可供参考。

第十七章　败则为寇

寇而必亡非败而为寇

语云："成则为王，败则为寇。"仅以成败二字，作为帝王和寇盗的分野，不免带一点西洋所谓愤世主义者（Cynicism）的感慨和忿激，这观点是不公允的。至于所谓"窃国者王，窃钩者诛"，则更是近乎"无政府主义"（Anarchism）的异端邪说了。

我国治史，对于历史人物的褒贬臧否，最重名分，所谓春秋大义，即在于此。历代虽也有若干专横暴戾的帝王，然而寇的残酷凶暴，杀人如麻，尤有甚者。且寇之称王称帝，不旋踵间必遭覆亡，如本章所要谈的黄巢和李自成。黄巢于唐僖宗广明元年（880 年）陷长安，入宫称大齐皇帝，改元金统，窃据国都者仅四个月，而到中和四年（883 年）其党斩巢而降，他荼毒半个中国，称帝者仅四个多年头。李自成于明崇祯十七年（1644 年）三月陷都，先两月在西安已僭称大顺，年号永昌，据都城仅两月，而距顺治二年（1645 年）九月死于九宫山，仅一年又半。寇而必亡，非败而为寇也。

《唐书》将黄巢列入《逆臣传》，《明史》将李自成列入《流贼传》，盖有深意焉。

赵翼《廿二史札记》，论黄巢和李自成，指出二寇虽时代不同，却有五个相似之点，他说：

> 黄巢初从王仙芝为盗，仙芝被戮，巢始为盗魁。李自成亦先从高迎祥为盗，迎祥被擒，自成始为盗魁。相似一也。巢以草贼起事，陷京师，据宫阙，僭号改元。自成亦以草贼起事，陷京师，据宫阙，僭号改元。相似二也。巢未入京以前，其锋不可当，入京僭位后，逆运已满，未几遂一败涂地。自成自襄、陕向京，凶威亦无敌，入京僭位后，逆运亦满，未几亦一败涂地。相似三也。巢因民谣，有“逢儒则肉师必覆”之语，遂戒军中，不得害儒者，所俘民称儒者，辄舍之。至福州，杀人如麻，过校书郎董朴家，令曰：“此儒者”，乃灭火不焚。自成所用牛金星，乃举人不第者，每肆毒于进士官，而戒军中勿害举人。至河南，贼将误杀一县令，或告曰：“此举人也”，群骇而去。其相似四也。巢入长安，令唐官三品以上并停，四品以下俱复旧任。自成入京，亦令三品以上并停，四品以下仍旧。其相似五也。

二寇之破，皆得力于异族之师，唐破黄巢，收复长安者，主要是沙陀之李克用，李自成的败亡，则是入关的满清军队，此一相似之点，为赵翼所遗漏。而更大的遗漏，没有说出寇乱之起因，都是由于政治不纲，民不聊生，官吏贪黩虐民，驱民从贼，蜂起蚁聚，处处为乱，草莽枭雄，乘时崛起，啸聚者动以万计，黄巢之前，已有王仙芝，而和李自成同时作乱者，更不胜列举，张献忠，其著者焉。

肇乱之源，都是一样的。《通鉴》云：“自懿宗（僖宗父）以来，奢侈日甚，用兵不息，赋敛愈急。关东连年水旱，州县不以实闻，百姓流殍，无所控诉，相聚为盗，所在蜂起。州县兵少，人不习战，每与盗遇，官军多败。”

李自成陷京之前，自陕东进，曾移檄远近，道出了贼情鼎沸，天下大乱的原因，有云：“君非甚黯，孤立而炀蔽恒多；臣尽行私，比党而公忠绝少。甚至贿通官府，朝廷之威福日移，利入戚绅，闾左之脂膏尽竭。”又云：“公侯皆食肉纨袴，而恃为腹心；宦官悉龁糠犬豚，而借其耳目。狱囚累累，士无报礼之心；征敛重重，民有偕亡之恨。”

黄巢陷长安

李自成兵陷北部之前数日，崇祯帝曾颁罪己诏。诏略云：

> 朕为民父，不得而卵翼之；民为朕子，不得而襁褓之。坐令秦豫邱墟，江楚腥秽，贻耻宗社，负疚黔黎，罪非朕躬，谁任其责？所以使民罹锋镝，陷水火，血流成壑，骸积成山者，皆朕之过也。使民输刍挽粟，居送行赍，加赋急无艺之征，预支有称贷之苦者，又朕之过也。使民室如悬磬，田尽污莱，望烟屋而无门，号冷风而绝命者，又朕之过也。……至于任大臣而不法，用小臣而不廉，言官首鼠而议不清，武将骄懦而功不举，皆由朕抚驭失道，诚感未孚，终夜以思，跼蹐无地。

崇祯帝自己道出乱源，较敌人的檄文，尤为痛切。

唐末懿宗、僖宗时代的政治情形何尝不是如此。李自成的檄文，尚称崇祯帝“主非甚黯”，不过孤立而受蒙蔽，而史称唐懿宗“荒宴不亲庶政”，而僖宗则好佛，“设万人斋”、“迎佛骨”、“日夕专与宰官同处”，视天下事，与己若了无关涉者。

王仙芝已转辗寇河南十五州，聚众数万，僖宗使平卢节度使宋威进兵击之，但宋威却另有自私打算，《新唐书》云：时威老且暗，不任军，阴与其副左散骑常侍曾元裕谋。曰："昔庞勋减，康承训即得罪，吾属虽成功，其免祸乎？不如留贼，不幸为天子，我不失作功臣。"

将领养贼以自图，贼势安得不张？

黄巢聚众参加王仙芝作乱，是在僖宗乾符二年（875年）之夏，时仙芝率众肆掠，已陷曹、濮二州。巢，曹州冤句人，世鬻盐，家富于赀，善击剑骑射，稍通书记，屡举进士不第，口才辩给，喜养亡命，是时岁饥，募众数千人，以应仙芝，攻剽州县，民之困于重敛者争归之，数月之间，众至数万。

群盗属流寇性质，所至遇官军战，或城不能克，或有挫败，即杀掠而逃，飘忽无定，山东、河南、淮南，以及今湖北、安徽、浙江诸州县受寇蹂躏荼毒者，不知凡几。

乾符五年（878年）二月，官军大破王仙芝于黄梅，杀五万余人，斩仙芝，传首京师。黄巢方攻亳州，收仙芝余众，自号冲天大将军，还师陷沂、濮，掠宋、汴，寻又入今江西境，陷虔、吉、饶、信等州。是年秋，巢东寇宣州，攻城不克，乃引兵入浙东，开山路七百里，攻剽福建诸州。

巢为官军分道击剿，乃自闽入广，进窥广州。时朝廷有招抚意，巢上表求广州节度使，僖宗命大臣议。左仆射于琮以为广州市舶，宝货所聚，岂可令贼得之。宰相请除巢率府军，从之。巢得告身大怒，大骂执政，急攻广州，陷之，执节度使李迢。露布告部下，将入关取长安，因诋及朝政之敝，宦竖柄朝，垢蠹纪纲，并指诸臣与中官赂遗交构状。并下令禁刺史殖财产，县令犯赃者族。

是时为乾符六年（879年）七月，冬十月北上陷潭州，遣其将逼江陵，巢趣襄阳。明年，广明元年（880年），东向而陷睦、婺两州，寻复陷宣州。是年七月，巢率众自采石渡江，兵势甚盛。十一月渡淮，东都陷，十二月入潼关。

帝发神策军御之，神策军皆长安富家子，赂宦官窜名军籍，厚得禀赐，未尝更战阵。闻当出征，父子聚泣，多以金帛雇贫人代行，往往不能操兵杖。

巢以破竹之势趋长安，僖宗自金光门出，唯王子及妃嫔数人从之，百官皆莫之知。帝由骆谷走兴元。

以不能拒贼责一女子

黄巢陷都称帝一幕，《新唐书》言之甚详，略云：

> 巢以（部将）尚让为平唐大将军，贼众皆披发锦衣，大抵辎重自东都抵京师，千里相属。（唐）金吾大将军张直方与群臣迎贼灞上，巢乘黄金舆，卫者皆绣袍华帻，其党乘铜舆以从，骑士凡数十万，先后至。巢入自春明门，升太极殿，宫女数千迎拜，称黄王。巢喜曰：殆天意欤！

唐宗室侯王之在长安者，杀无遗类。贼酋据甲第以处，争取人妻女乱之，捕官吏不降者悉斩之，纵贼众大掠，缚箠富户逼索财帛，号“淘物”。

巢入宫自称“大齐皇帝”，索衮冕不得，绘弋绨为之，无金石乐，击大鼓数百，列长剑大刀为卫，改元为“金统”，其徒众上巢尊号为“承天广运启圣睿文宣武皇帝”，以妻曹氏为皇后。

僖宗车驾至兴元，旋幸成都，诏诸道出兵收复长安。官军进薄长安，黄巢率众弃城走，时为中和元年（881 年）四月。官军入城，民欢呼出迎，争以瓦砾击贼。军士争入第舍，掠金帛妓妾。巢及众潜伏城外，并未远去，询知官军不整，还袭之，大战长安城中，官军死者十八九，余遁去。巢怒民迎王师，纵击杀八万人，血流于路可涉，谓之洗城。

先是，唐召李克用率沙陀及鞑靼诸部兵数万来赴，巢复据长安后，克用兵南下，诸路官军势大振，各地巢军屡败，巢将朱温度其将败，率先于中和二年（882年）十月降，唐以之为河中行营招讨副使，赐名全忠。

克用及诸路军转战迄中和三年（883年）四月，与黄巢战于渭南，一日三捷，贼众大奔，克用等入京师，巢焚宫室遁去，多遗珍宝于路，官军争取之，不急追，贼遂逸去。诏克用同平章事。克用时年二十八，于诸将中年最少，而兵势最强，破黄巢，复长安，功居第一。

巢遁，复掠今河南、山东诸州县，势日蹙，其将尚让亦以万人降归唐将武宁节度使时溥。中和四年（884年）六月，尚让追黄巢至瑕丘（今山东滋阳），巢众仅千人，困于狼虎谷。谓其甥林言曰："若取吾首献天子，可得富贵，毋为他人利。"言不忍，巢乃自刎不殊，言因斩之，且杀其兄弟妻子，悉函首将诣时溥，沙陀军夺之，并斩言首，以献于溥。

七月，时溥献巢首于行在，并其姬妾。僖宗于御楼受之。宣问姬妾："汝曹皆勋贵子女，何为从贼？"其居首者对曰："狂贼凶逆，国家以百万之众，失守宗庙，播迁巴蜀，今陛下乃以不能拒贼，责一女子，置公卿将帅于何地乎？"帝皆戮之。

或剿或抚不能扑灭

李自成，延安府米脂人。孩提时，教之字，颇能记忆，性跳踉不可制。比长，伟躯蓬鬓，高颧鸱目，声如豺虎，善骑射，斗狠无赖，为暴于乡，娶妻有淫行，手刃之。崇祯元年（1628年）陕西大饥，群盗蜂起，高迎祥为魁渠之一，自称闯王，自成戚也。自成因犯法，逃归之，自结一队为闯将。

盗起于延绥，其后蔓延秦、晋、荆、豫，西连巴蜀，东扰江淮，其最强者，高迎祥、李自成、张献忠外，若过天星、闯塌天、曹操、革裹眼、左金王、老猸猸、袁时中之属，不下数十部。张献忠亦延安府人，世居肤施，与自成同年生。

贼部初起时或合或分，流窜飘忽，随地裹胁，拥众各以万计，朝廷或剿或抚，不能扑灭。贼与官军战，势蹙即遁，或诡降复叛，或一地甲队贼已去，而乙队踵至。贼群往来不定，延袤数千里，所在驰突。

崇祯九年（1636年）秋，陕西巡抚孙传庭，擒高迎祥于盩厔，献俘磔死，于是贼党共推李自成为闯王。

自成之称闯王也，部下造民谣，词曰："迎闯王，不纳粮"。传之远近，于是归者弥众。贼到之处，如飞蝗食禾，疾风扫叶，不从者杀戮殆尽。邹漪《明季遗闻》，述流贼暴行，云：

> 有缚人之夫与父而淫其妻女，然后杀之者。有驱人之父淫其女以为戏，而后杀之者。甚至裸孕妇于前，共卜其腹中男女，剖而验之以为戏，一试不已，至再三者。又甚至以大锅煎油，掷孩子于内，观其跳跃啼号以为乐者。又甚至绑人于地，生刳其腹，实以米豆，牵群羊而争饲之。取人之血，和米麦为粥，以喂马驴，使之健强而能冲敌者，所掳人子女百千，临行不能多带，尽杀而去。

至崇祯十七年（1644年）正月，李闯于西安僭国号曰大顺，改元永昌。前一年，群盗已合流为两大系统，一属自成，一属张献忠。自成称帝后自秦犯阙，而献忠则由荆入蜀。

是年三月十九日都城陷，明帝于先一夜，自缢煤山。自成毡笠缥衣，乘乌骓入承天门。吴三桂乞清兵来援，四月二十二日战于山海关，自成大败，余众狼狈还京。二十九日自成尚被冠冕列仗受朝于武英殿，正式称帝，追尊七代皆为帝后，立妻高氏为皇后。是夕焚宫殿及九门城楼，悉众西行。

自成西逃，仍欲据西安，清顺治二年（1645 年）二月，清兵破潼关，西安不守，南窜入襄阳，复走武昌，屯武昌五十余日，贼众尚五十余万，为追兵所迫，部队多降或逃散。自成灭亡的最后一幕，《明史》记之，曰：

> 自成走延宁、蒲圻，至通城，窜于九宫山。秋九月，自成留（其侄）李过守寨，自率二十骑略食山中，为村民所困，不能脱，遂缢死。或曰村民方筑堡，见贼少，争前击之，人马俱陷泥淖中，自成脑中锄死，剥其衣，得龙衣金印，眇一目，村民乃大惊，谓为自成也。时我（清）兵遣识自成者，验其尸，朽莫辨。获自成两从父伪赵侯、伪襄南侯，及自成妻妾二人。

积尸如山岳

明末流寇魁渠荼毒天下，罪恶之名与李自成不相上下者为张献忠。自成陷都后，虽年余即亡，然势盛之时，黄河南北，均其号令所及，而献忠不过局促于四川一隅，虽亦僭号“大西”，自称“秦王”，改元“义武”，终因将士离心，欲称霸一方亦不可能。《明史·流贼传》，李张并列，李传详而张传略，有轻重之轩轾。

献忠自崇祯十七年（1644 年）正月窜据四川，迄顺治三年（1646 年）十月败亡为止，据蜀凡二年又十个月。献忠好杀，在这三年不到的时期，完全以屠杀为统治手段。吴伟业《鹿樵纪闻》云：

贼（献忠）初志在帝蜀，虽好杀，犹时有所纵舍，及出兵屡败，列城多叛，谋下荆吴，又惮英为阻，（扼据重庆之曾英），益愤恨，攘袂瞋目，以咀嚼蜀人为事。

先杀武弁，次及僧道、筮卜、医生、工匠皆尽，尤忌朱姓，知蜀府宗支，多在灌县，围而屠之，蜀世子亦被害。

贼欲屠保宁，僧破山为之请，贼方进犬肉，谓僧曰：啖此即从汝。破山曰：老僧救百万生灵，何惜如来一戒？为啖数脔，保宁由是得全。

乙酉年（1645年），入秋以后，悉聚其兵于成都，日遣一将出屠诸郡邑，并及村聚。尝登高四望，有兵过而炊烟在者，将吏必死。其下争以多杀为功，首级重不可举，男子割势，妇人各取阴肉，或割乳头，验功之所，积成丘阜。

清叶晴峰辑《流寇琐记》，云：

献贼在川，先屠儒，次屠民，继屠川民之为兵者，复检各卫军及各营新兵年十五岁以上者尽杀之，所杀卫军七十五万有奇，家口不计，兵二十三万六千有奇，家口三十二万，自成都北威凤山起至南门桐子园，绵亘七十余里，尸积如乔岳。

又云：

令各营分剿川北川南……以杀人多者受重赏，一卒日杀数百人，立擢至都督。营中公、侯、伯甚多，皆屠川民积功所得也。蜀民于此，真无孑遗矣。

《流寇琐记》并述献忠分遣孙可望等四将，分道屠川民，其所举数字之大，夸张失实。当代史家李光涛论曰：

单就孙可望等四路所杀的数目计之，便为六万七千八百四十八万零，他如川南川北之分剿。则《流寇琐记》又云：约不减可望等所戮之数，二者合计之，差不多近于十四万万之多，其数字之大，直当于今全世界的人口。凡此记载，当然也都是迂阔不切的妄说，无待考辨之必要。特其最后一言，如所云：蜀民于此，真无孑遗矣。原非凿空之说。

盖涂炭四川者，自张献忠始，其后清兵数役之搜杀，亘二十年，亦负极大责任，李氏曰：张献忠据蜀，“前后共两年零十个月，在此时期，凡关四川境内之杀人，则全为张献忠一人之事，初与清人丝毫无干。其丙戌（顺治三年，1646 年）十月以后，即顺治三年十一月起，迄顺治十八年（1661 年）止，是为清人经略南疆之役，再自康熙十二年（1673 年）起，至康熙二十一年（1682 年）止，是又为清人平定吴三桂之役。总此两役，清人在四川境内攻杀共二十余年之久，在此长久时期内，凡川中之残破，以及所谓肢体不全、耳鼻残缺者，则又全属清人之所为，其于张献忠也根本无关，不可不知。实际清初之屠杀行为，也不仅限于四川一省，而是极普遍之事”。

顺治三年（1646 年）春，清兵西讨。秋，献忠尽焚成都宫殿庐舍，夷其城，率众出川北。《鹿樵纪闻》谓北窜频行之先，献忠自言，尝见天神语之曰：“天以百物与人，人无一物与天”，因续一句云：“鬼神明明，自去思忖”。有道人谀之曰：“陛下即天神，终当遗弃一切，仍归上界。”献忠大悦，乃尽杀其妻妾，一子尚幼，亦扑杀之。

清兵南下至汉中，一日，至盐亭界大雾，献忠晓行，猝遇清兵于凤凰坡，中矢坠马，匍伏积薪下，清兵擒出斩之。

张献忠“锦江锢金”之说，后世多注意之，值得附带一谈。《鹿樵纪闻》云，献忠“用法移锦江，涸其流，穿数仞，实以精金及其他珍宝累万万，下土石筑之，然而决堤放水，名曰锢金”。

犹忆抗战期间，尚有人组织公司，集资募工，于江中断流发掘，亘数年，一无所得。

李光涛《张献忠史事》一文，云：“献忠沉河之金，乃随锢随发，随被当时人取用以尽。盖当献忠锢金之际，川将杨展尝自成都逃出，至嘉定，纠合义旅以讨贼，其后此支义旅与清人抗，顺治四年（1647 年）以乏饷故，于是杨展取献贼沉河之金亿万以助饷。《甲申剩事》页八，载有此条，特揭出之，以破世人之惑”。